KB274678

부르디외 읽기

세창사상가산책24

부르디외 읽기

초판 1쇄 인쇄　2024년 9월 27일
초판 1쇄 발행　2024년 10월 7일

—

지은이　정선기
펴낸이　이방원
기획위원　원당희
책임편집　정조연　　**책임디자인**　손경화
마케팅　최성수·김 준　　**경영지원**　이병은

—

펴낸곳　세창미디어

　　신고번호　제2013-000003호　　**주소**　03736 서울시 서대문구 경기대로 58 경기빌딩 602호

　　전화　723-8660　**팩스**　720-4579　　**이메일**　edit@sechangpub.co.kr　　**홈페이지**　http://www.sechangpub.co.kr

　　블로그　blog.naver.com/scpc1992　　**페이스북**　fb.me/Sechangofficial　　**인스타그램**　@sechang_official

—

ISBN　978-89-5586-834-0　　02300

세창사상가산책 | PIERRE BOURDIEU

부르디외 읽기

정선기 지음

24

세창미디어
MEDIA

부르디외는 현실을 살아가는 사람들의 삶을 구성하는 사소하고 하찮게 여겨지는 것들에 관심을 두었다. 그는 사람들이 미처 알아채지 못하는 사회적 사실들을 주제로 삼아 자유롭고 독창적인 방식으로 실험적 작업을 전개했다. 그래서인지 부르디외의 연구는 깊이 들여다보지 않으면 곡해될 소지가 있다. 아비투스나 구별짓기 등의 개념이 파편적으로 알려지면서 그저 사소한 취향연구에 그치는 것으로 오해받는 것이 대표적이다. 부르디외 이론의 개념들은 단순명쾌한 듯하지만, 깊이 파고들수록 난해하고 복잡한 측면이 있다. '부르디외 읽기'는 그의 주제의식과 깊이 있는 사유를 이해하지 못한다면, 그가 다루고 있는 소재들에 대해서만 흥미를 느끼는 것으로 마무리될 우려가 있다.

　부르디외는 학자로서 학문의 장에서 생산되는 이론이 사람들이 살아가는 생활세계와 괴리되는 것을 매우 경계했다. 그래서 학문적 연구와는 별개로, 사람들이 당장 긴급하게 이해해야 할 문제들, 이를테면 신자유주의나 세계화의 문제를 알리는 데도 공을 들였다. 그러면서 시시각각 위협적으로 파고드는 사회적 문제들에 대해서는 직접 몸으로 맞섰다. 그는 말년에 자신이 가진 상징자본을 신자유주의와의 투쟁에 모두 쏟아부었다고 할 만큼 할 수 있는 일을 다 했다. 그럼에도 그는 선동가는 아니었다. 자신의 위치가 학자라는 점을 잘 인식했고, 학자로서 할 수 있는 일을 한 것일 뿐이었다. 부르디외는 섬세하고 인간적인 사람이었으며, 무엇보다 뛰어난 학자였다.

　부르디외는 우리가 느끼는 불편과 어려움이 어디로부터 비롯되었는지 들춰내고 해석해 준다는 점에서 사회학을 임상적 학문이라고 하였다. 사람들은 자신이 하는 일의 의미를 잘 모른 채 살아간다고 부르디외는 말한다. 우리가 무지해서가 아니라, 생활인으로서 그때그때 우리에게 닥치는 일에 대처하며 정신없이 살아가다 보면 이 세계를 이해할 겨를이 없다는 것이다. 이런 이유로 부르디외는 사람들에게 사회학이 필요하다고 말한다. 그는 사람들이 자신과 자신이 살고 있는 세계에 대해 이해하기를 바랐다. 내가 누구인지, 어떤 사람인지, 내가 살아가는 이 사회는 어떤 세계인지 이해하고 성찰함으로써 속지 않고 굴복하지 않을 수 있다고 알려 준다.

'부르디외 읽기'는 다음과 같은 내용으로 구성되었다. 첫 장은 그의 삶과 학문의 도정을 소상하게 소개하는 것으로 시작하였는데, 이는 부르디외는 어떻게 '부르디외'가 되었는지에 대한 이해를 돕기 위해서이다. 이어서 부르디외의 이론에 접근하기 위한 배경지식으로서 그가 섭렵한 철학과 사회학의 이론들을 맥락적으로 살펴보았다. 부르디외의 학문적 도전은 한마디로 말하자면 사회불평등과의 대결이라고 할 수 있다. 이후로 등장하는 아비투스, 장, 자본, 생활양식, 계급 등의 개념은 사회불평등 문제를 규명하기 위한 이론적 자원들이라는 맥락 속에서 읽혀야만 길을 잃지 않을 것이다. 이들 개념은 서로 얽혀 있어서 한 번에 다 설명되지 못하고, 뒤쪽으로 가면서 따라붙는 부연과 상관성에 대한 설명을 통해 점차 윤곽을 잡을 수 있다. '부르디외 읽기'를 시도하며 가장 어려웠던 점은, 학문의 장에서 쓰는 용어를 쉬운 말로 풀어쓰는 것에 한계를 느끼며 시간을 많이 허비한 것이다. 역량의 부족을 절감하며, 양해를 구한다.

나의 경우, 프랑스가 아닌 독일에서 부르디외를 전공하였다고 하면 많은 사람이 의아해한다. 1990년대 초반 독일에서 부르디외의 이론을 박사과정의 주제로 삼은 것은, 마르크스, 베버, 뒤르켐 등 사회학의 전통 유산을 수렴하면서도 그간 미처 해명되지 못한 문제들까지 포괄하여 독창적으로 계급과 불평등의 문제를 조명하고 있다는 점에서 당시 유럽 학계를 매료시킨 부르디외의 자장 안으로 이끌려 들지 않을 수 없었기 때문이다. '더 이상 계급은 없다'라는 개인화 테제가 광범하게 학계를 휩쓸던 시기에, 부르디외의 출현은 의미심장했다.

시간이 지날수록 부르디외의 이론이 오늘날 사회를 얼마나 잘 설명하고 있는지 새삼 공감하면서, 뛰어난 학자이자 좋은 사람이었던 부르디외에게 깊은 애정을 느낀다. 사회학을 공부하는 사람이 아니더라도 부르디외를 읽기를 권한다. 단순한 교양으로서가 아니라, 삶을 이해하는 사유의 배경으로서, 그리하여 이 세계에서 제대로 살아가기 위해서, 가능하면 부르디외를 통과하기 바란다.

1

'부르디외'라는 사람

부르디외는 자신이 발 딛고 있는 현실 속에서 섬세하게 포착해 낸 것들을 자신의 학문에 있어 중요한 지적 자산으로 삼았다. 그의 출신 배경과 개인적 경험은 그의 연구와 이론에 원천이 되었으며, 학문적 실천으로 이어지는 동력으로 작용하였다.

변방으로부터

피에르 부르디외Pierre Bourdieu(1930-2002)는 1930년 8월 프랑스 남서부 변방 베아른 지방의 작은 시골 마을 당겡Denguin에서 태어났다. 그는 자신의 고향에 대해 "도시에서 멀리 떨어진 주변부이기에 사회적으로 소외되어 여러 면에서 불이익을 당하는 사람들이 사는 곳"이라고 묘사하였다. 또한 자신의 가족은 이처럼 주변적인 사회적 공간에서조차 어떤 지배적인 위치도 점하지 못했다고 회상했다.

어린 시절의 부르디외에게 결정적이었던 사건은 아버지가 공무원 생활을 시작하게 된 것이었다. 그의 아버지도 그 지역의 사람들 대부분처럼 어려서부터 가족들을 도와 농사를 지으며 소작농의 일원으로 살았다. 그런데 서른 살 이후에 집배원으로 일하게 되면서 소작지를 벗어나게 되었다. 그의 아버지는 우체국 말단 공무원에서 출발하여 훗날 관리직까지 올랐는데, 그 덕분에 부르디외의 가족은 풍족하지는 못해도 가난한 소작농 생활은 면할 수 있었다.

그런데 이러한 경험은 부르디외가 사회적 '구별'에 대해 인식하는 계기가 되었다. 소작지에 남아 농사를 짓는 다른 친척들과 자신의 아버지 사이에 구별되는 무언가가 보이기 시작했고, 학교에서도 공무원의 자식인 자신과 소작농의 자식인 다른 학생들을 구분 짓는 보이지 않는 경계를 감지할 수 있었다. 노골적으로, 또 때로는 인지하기 어려울 만큼 미묘한 방식으로 유지되는 공동체 안의 분명한 위계와 질서가 감수성 예민한 어린 부르디외의 눈에 보였던 것이다.

부르디외는 우리나라의 중학교 과정에 해당하는 리세에 입학하기 위해 베아른 지방의 주도인 포Pau로 떠났다. 부르디외의 아버지는 공부에 대한 열망에도 불구하고 이른 나이에 학업을 중단해야 했기에, 총명한 아들이 고등교육을 받기를 원했고 힘닿는 데까지 지원을 아끼지 않았다. 부친의 기대에 부응하여 부르디외는 1941년, 베아른 지방의 최고 명문인 리세 루이바르투Louis Barthou에 입학했다. 부르디외는 훗날, 지적 호기심을 충족시켜 주는 학문적 풍토 속에서 자유롭게 토론하고 학습하는 과정을 즐겼던 반면에, 억압적인 규율과 통제받는 생활에 대해 저항감을 품었다고 고백한다.

유학 생활은 고향 마을에서와는 또 다른 측면에서 부르디외에게 사회적 구별과 경계를 경험하게 해 주었다. 작은 농촌에서 도시로, 이후 대도시 파리로 이어지는 유학 생활 동안 부르디외는 점차 나아지는 환경 변화에 대해 만족스럽게 받아들이기보다는 그 안에 도사리고 있는 문화적 차이에 따른 부당한 구별에 불편함을 느꼈다. 특히 중앙으로 갈수록, 또한 학벌의 정점으로 향할수록 이러한 문제의식은 더욱 커져 갔다.

부르디외가 보기에, 구별이 주는 불평등은 개인적인 것이 아니라 지방 출신들이 겪는 집단적 경험이었다. 중앙집권적인 프랑스 사회의 문화적 풍토에서, 파리로부터 확실히 동떨어진 세계로 인식되는 변방 출신이라는 것은 일종의 신분으로 간주되었다. 이들이 파리와 같은 대도시에 정착하려면 일차적으로 문화적인 적응이 요구되었는데, 지역색을 드러내는 억양이나 발음 같은 언어적 특성은 이러한 적응에 있어서 가장 힘겨운 숙제였다. 관용과 다양성의 존중으로 알려진 프랑스이지만, 어느 나라나 그렇듯이 프랑스에도 지역별 격차와 출신지에 대한 편견이 존재하기에, 파리의 표준어와 지방의 사투리 사이에는 분명한 사회적 위계가 있었다.

부르디외의 고향 베아른에는 원래 이 지역의 토속어인 베아른어의 흔적이 많이 남아 있다. 부르디외는 자신의 저술에서 일부러 고향의 특정 언어 표현을 고집했으며, 자주 베아른어 속담을 활용했다. 훗날 베아른어 모음집의 서문을 직접 집필한 것을 보면, 그가 지역의 언어를 존중하고 그 가치를 높이 샀음을 알 수 있다. 이는 고향에 대한 맹목적인 애정에서 비롯된 것이 아니라, 교양과 지식의 기준이자 학문의 세계에서 마땅히 채택되어야 한다고 여겨지는 표준어에 대항한 부르디외식의 저항이다. 부르디외는 언어와 같이 사람들이 일상적으로 사용하는 것들에 대한 사회적 조건에 항상 관심을 두고,

규범적 규정을 획일적으로 강제하는 것에 대해 늘 경계했다.

부르디외는 일생 동안 고향 베아른과 연결된 끈을 놓지 않았지만, 편향된 주관적 감성이나 지역주의에 치우치지는 않았다. 그는 자신이 할 수 있는 사회학적 연구를 통해서 지역의 상황을 객관적으로 설명하고 또한 알리려고 노력하였다.

흥미로운 것은, 지방 출신이기에 가지게 되었다고 고백한 부르디외 자신의 성격적 특성이다. 예컨대, 문화적 또는 언어적 소수자에게서 공통적으로 나타나는 특징이라 할 수 있는 논쟁하기를 즐기고 쉽게 다투는 성향이 자신에게 있다는 것이다. 파리 같은 대도시에서 시골 출신들은 지속적으로 낯선 상황에 처하게 되고, 그에 따라 자연스러운 편안함을 결코 느낄 수 없기 때문에 비롯된 특성이라고 스스로 진단하였다. 부르디외는 파리 출신 교양인들과 구별되는 시골 출신들의 이러한 태도가 그래서 빈번하게 오해를 살 만한 행동으로 표출된다고 설명한다.

부르디외는 '그 사람을 그 사람이게 하는 성향'으로 아비투스 개념을 제시하는데, 이는 그 자신의 삶의 경험 속에서 착상되었다. 어려서부터 길러진 부르디외의 예민한 사회적 감수

성과 특권에 대한 거부감은 그를 잘 싸우는 사람으로 만들었으며, 그의 이러한 아비투스는 훗날 세계적인 석학으로 화려한 경력을 쌓아 가면서도 결코 권력에 영합하거나 명성을 좇아 허망한 길로 빠지지 않도록 이끌어 주었다.

파리의 이방인

부르디외는 고등학교 과정에 해당하는 리세에 진학하기 위해 파리로 떠났다. 뛰어난 학업 성적 덕분에 소수의 수재들에게만 허락되는 파리의 리세 루이르그랑Louis le Grand을 거쳐 (1948-1951), 1951년에는 프랑스 최상위 그랑제콜인 파리고등사범학교Ecole Normale Supérieure에 입학했다.

그랑제콜은 프랑스 학벌주의의 정점에 있는 '대학 위의 대학'으로, 프랑스 사회의 각 분야 지도층을 배출하는 소수 정예 고등교육기관이다. 국립행정학교, 파리고등사범학교, 에콜 폴리테크니크 같은 프랑스 최고의 명문학교를 포함하고 있으며, 치열한 입시 경쟁을 뚫어야 입학할 수 있다. 이 학교 출신들은 프랑스 사회에서 명예로 보나 세속적인 관점에서 보나

출세를 보장받았다고 할 수 있다. 현재도 프랑스에서는 이곳 출신들이 정계, 학계, 문화계를 장악하고 있으며, 말 그대로 최상위 엘리트로 대접받고 있다. 물론 한편으로는 그런 이유로 인해 프랑스 학벌주의의 뿌리 깊은 진원지이자 학벌귀족주의를 조장한다는 비판을 받으며, 프랑스 교육개혁의 주 대상으로 지목되기도 한다.

부르디외의 학력을 이처럼 소상히 소개하는 것은, 프랑스 사회에서 가장 선망되는 최고의 경로만을 밟아 온 부르디외가 왜 그토록 교육제도나 학벌에 근거한 특권에 대해 비판적이었는지 이해하기 위해서다. 프랑스가 대학 평준화를 통해 대학의 서열을 혁파하려고 했던 것은, 프랑스 사회에 학벌주의가 강하지 않아서가 아니며, 오히려 극심한 학벌주의의 폐해를 떠안고 있었다는 방증이다. 부르디외는 그런 사회에서 교육이 기회의 사다리가 아닌 지배계급의 재생산 도구로서 어떻게 불평등을 조장하는지를 프랑스 최고 엘리트 집단의 한복판에서 섬세하게 포착해 냈다. 학벌이라는 것이 개인의 능력과 별 상관없이 어떻게 사회적으로 만들어지는지, 그렇게 얻어진 특권을 엘리트 계급이 어떻게 누리고 대물림하는

지, 부르디외는 엘리트 계급에 주어진 특권의 기만적 속성을 지속적으로 파헤쳤다. 또한 스스로 자신의 학창 시절을 상세히 소개하고 그 과정에서 자신의 아비투스가 어떻게 형성되었는지 설명한다. 어떤 점에서는 부르디외의 화려한 학업 이력으로 인해 교육제도에 대한 그의 비판이 사람들에게 더 큰 반향을 일으켰다는 점을 부인하기는 어렵다. 부르디외 역시 그러한 점을 간과하지 않았다. 그래서 늘 지식인으로서 자신의 역할을 고민했다.

부르디외가 입학한 파리고등사범학교는 교사를 양성하는 일반적인 사범학교와는 달리 특정 직업군을 배출한다기보다는 최고 수준의 학문을 연구하는 아카데미라 할 수 있다. 부르디외는 당시 지적 열망으로 가득한 우수한 학생들이 그러했듯 철학을 전공으로 선택하여, 그 시기 프랑스 철학계를 주도하던 현상학, 과학철학, 구조주의 등 다양한 철학적 테제를 두루 섭렵하였다. 당시 부르디외의 주된 관심은 현상학적 시간의 문제에 기초해서 철학적 연구를 자연과학적 엄밀성과 조화시키는 것이었다. 이러한 연구의 초점은 학문적 실천을 전제하는 모든 학문의 역사적 조건에 대해 질문을 제기하는 것이었다.

그런데 사회적으로나 학문적으로나 공인된 최고의 엘리트 학교에서 부르디외는 그 이전보다 더 심각한 불편함을 느꼈다. 그는 우수한 성적과 비교되는 열등한 문화적 배경, 그리고 매사에 논쟁적인 태도 때문에 더욱 도드라지는 학생이었다. 부르디외는 자신의 상황에 대해 "높은 학문적 인정과 낮은 사회적 인정 사이의 극명한 불일치로 인해, 그에 따른 분절된 긴장과 모순에 의해서 지배받는 어떤 아비투스가 생성되었다"라고 스스로 진단하였다.

부르디외는 고등사범학교를 비롯한 그랑제콜과 같은 귀족 학교가 생계를 걱정하지 않아도 되는 배경을 가진 학생들에게 절대적으로 유리한 과정이라는 점을 지적한다. 대도시에서 보호받고 자란 상류층 가정 출신들은 매사에 여유롭고 세련된 태도를 유지했다. 반면 시골 출신 모범생들은 새로운 환경에 순응하기 위해 애쓰느라 주눅 들거나 반대로 열등감을 감추기 위해 허세를 부렸다. 그런 상황 속에서 부르디외는 자발적으로 아웃사이더가 되었다. 그들이 너무나 자연스럽게 받아들이는 미래의 지배집단으로서의 권위의식에 대해, 또한 이 세계를 좌지우지할 수 있다는 엘리트다운 자긍심에 대해, 지속적으로 문제제기를 하며 논쟁을 벌였다.

당시 대부분의 지식인 청년들은 전 세계를 강타한 마르크스주의의 세례를 받고 연구모임을 만들거나 정치활동에 참여하였는데, 파리고등사범학교에서도 이러한 분위기가 주도적이었다. 마르크스의 저작들이 경전처럼 다루어졌고, 레닌과 마오쩌둥 열풍이 학교를 뜨겁게 달구었다. 그런데 부르디외는 의도적으로 이러한 흐름과 거리를 두었으며, 우파와도 좌파와도 논쟁하는 소수파로 남았다.

마르크스주의에 대한 부르디외의 태도는 양면적이었다. 분명 이론적으로는 마르크스로부터 많은 자극을 받았지만, 마르크스주의자임을 자처하는 이들에게는 강한 거부감을 보였다. 자신들만이 절대적 진리를 영접한 자들인 양 특권의식을 가지고 교조적으로 마르크스를 해석하고 무조건 따를 것을 요구하는 행태를 역겨워했다. 부르디외는 파리고등사범학교를 지배하는 엘리트의식이나 교조적인 스탈린주의와 같은 집단적 우월의식을 몹시 불편해했으며, 이러한 환경에 결코 동화될 수 없었다.

독특한 점은 부르디외가 자신의 처지 또는 감정을 '불편함'이라고 표현하면서 파리 상류층 출신들이 보여 주는 '편안함'과 대비하였다는 것이다. 세련된 매너와 자연스러운 여유가 배어 있는 파리 학생들은 어딘지 위축되어 보이는 지방 출신들과는 여러 면에서 확연히 구분되었다. 말투, 제스처, 옷차림, 취미, 소비 방식까지 일상생활의 모든 면에서 차이가 있었다. 훗날 부르디외는 『구별짓기』에서, 부르주아지들의 이러한 편안함은 문화적 정통성을 보유하고 있다는 자신감과 오래된 친숙함에서 비롯된 것이며, 이는 부르주아 가문에서 조상 대대로 물려받은 가보처럼 제공된다고 설명한다.

부르디외는 인간의 삶의 층위를 규정하는 것이 경제력이라는 물질적 자본뿐만 아니라 세련된 교양과 고급문화 향유 능력, 교육 경쟁력 등을 포함한 문화자본과도 깊은 연관이 있다는 점을 경험적으로 감지했다. 어떤 환경에서 어떻게 자랐는지에 따라 오랫동안 이미 몸에 체화된 특성은 그 사람을 그 사람이게 만드는 어떤 것이었다. 청년기에 깊이 각인된 부르디외의 이러한 문제의식은 이후 그의 학문의 주제가 되었다.

알제리에서

부르디외는 철학교수 자격 시험에 통과한 후 물랭에 있는 리세에서 철학 강의를 했다. 그러던 중 급작스럽게 알제리전쟁(1954-1962)에 징집된다. 그의 나이 25세가 되던 1955년의 일이다.

제2차 세계대전이 끝나고 해방된 다른 식민지들과는 달리, 알제리는 여전히 프랑스의 식민지로 남아 있었기에, 해방을 기대했던 알제리인들에게 독립운동은 당연한 수순이었다. 알제리해방전쟁은 프랑스가 알제리의 그러한 열망을 무력으로 무자비하게 진압하면서 시작되었다. 전쟁 이전에 프랑스인들은 낭만적인 시선으로 알제리를 바라보았을 뿐, 알제리인들의 비참한 현실에는 둔감했다. 반면 알제리는 독립이라는 당위적 의지가 강렬한 한편으로, 기득권층의 프랑스에 대한 이율배반적인 동경과 안정에 대한 욕구가 뒤섞여 내부적으로 여러 정치적 노선이 충돌하고 있었다. 이렇게 알제리에 대한 프랑스의 기만적인 집착, 프랑스에 대한 알제리의 분노와 권력집단의 상이한 이해관계 속에서 알제리전쟁은 테러와 집단학살을 주고받으며 핏빛 복수와 끈질긴 원한의 악순환을 거듭했다.

당시에 프랑스에서는 알제리 독립을 지지하는 진보적인 지식인들의 입장과, 프랑스의 한 지방에서 일어난 지엽적인 반란일 뿐이라며 강경진압을 주장하는 보수주의자들의 아집이 격렬하게 대립했다. 결국 알제리는 8년간의 독립항쟁의 결과로 130여 년간의 프랑스 식민지배를 종식시켰지만, 긴 세월 동안 이루어진 경제적 착취와 문화적 분열 정책으로 인해 파괴된 알제리 사회의 상처는 쉽게 회복되기 어려웠다.

알제리 독립을 지지하고 무력진압을 반대했던 부르디외로서는 자신이 진압군의 일원이 되어 식민지에 발을 들여놓는 상황이 무척 고통스러울 수밖에 없었다. 장교로 갈 수 있었음에도 이를 거부한 부르디외는 한 공군부대에 행정병으로 배속되었다.

군복무 초기에 부르디외는 전장의 한복판에서 아무 것도 할 수 없는 자신에게 무력감을 느낄 수밖에 없었으나, 다행히 후반기에 돌파구를 찾는다. 고향 출신 장교의 배려에 힘입어 알제총독부의 문서와 정보를 담당하는 부서에 배치된 것이다. 여기에서 부르디외는 알제리와 관련된 풍부한 자료들을 접할 수 있었고, 더불어 총독부에 드나들던 현지의 지식인들과 유력인사들을 접촉할 수 있었던 덕분에 알제리 연구에 시동을 걸 수 있었다.

부르디외는 군복무를 마친 후에도 알제리에 남아 알제대학교의 조교로 2년 동안 더 머물렀다(1958-1960). 이때 부르디외는 본격적으로 알제리 사회를 관찰하고 적극적으로 기록하기 시작했다. 그는 실존적 번뇌나 정치 담론에 빠지지 않고, 알제리인들의 일상 속으로 들어가고자 했다. 부르디외는 너무 하찮거나 또는 너무 당연해서 연구자들이 관심을 보이지 않던 것들에 주의를 기울였다.

알제리 사회에 대한 부르디외의 연구 중에 가장 인상적인 것은 역시 카빌리Kabylie 지역에 관한 연구다. 카빌리는 알제리 수도 알제의 동쪽에 위치한 알제리 북부 지역인데, 고원지대에서 지중해 연안까지를 포괄하고 있다. 토속적인 공동체의 관습이 강하게 남아 있는 곳이지만, 긴 식민지 기간 동안 침투한 서구 자본주의가 전통적인 공동체를 흔들어 놓았고, 상당수가 생계를 위해 프랑스로 이주하는 등 프랑스 문화의 영향도 많이 받은 곳이다.

부르디외는 전통적인 생활방식과 자본주의 논리가 충돌하는 1950년대 말 알제리의 상황을 목도하였다. 카빌리의 원주민들은 공유적 관점에 기반한 계산법과 상호부조적인 교환방식, 미래를 대비하는 것을 금기시하는 순환적인 시간관념, 무엇보다 가장 중시되는 명예나 체면과 관련한 의례 등 자신들만의 전통과 질서를 유지하고 있었다. 그런데 이러한 생활방식에 큰 균열이 일어난 것이다. 화폐 사용에 서투른 알제리 하층민들의 빈틈에 외부의 자본이 악착같이 파고들면서 척박하나마 삶의 토대가 되었던 토지를 잃은 농부들이 속출했기 때문이다. 이들은 아무 대책도 없이 도시로 떠나거나 고향 마을 언저리를 떠돌았다. 이를 부르디외는 '뿌리 뽑힘'이라고 표현한다. 전통적인 공동체는 파괴되어 가는데 사람들은 여전히 전통적인 사고방식을 가진 채, 끝없는 박탈과 시련을 체념하며 견뎌 낼 뿐이었다.

당시 부르디외는 연구자로서 자기 감정을 절제하는 것의 어려움에 대해 자주 토로하였다. 훗날 참여적 지식인으로 현장에 거침없이 나간 것과 달리, 초기에는 연구자로서 평정심을 유지하기 위해 부단히 애를 썼다. 그럼에도 그의 연구물에서는 알제리 사회를 바라보는 부르디외의 안타까움이 강하게 묻어난다.

나는 무엇을 아는가?

알제리 연구 초기에 부르디외는 철학적 접근이 답해 주지 못하는 비참한 현실에 대한 답을 얻기 위해 자연스럽게 사회학으로 나아갔다.

알제리 연구의 첫 번째 사회학적 성과물은 '나는 무엇을 아는가?Que sais-je?'라는 시리즈물로, 후에 소책자 『알제리의 사회학』(1958)으로 정식 발간되었다. 부르디외는 프랑스로 돌아간 이후에도 식민지배와 전쟁으로 인해 급격한 사회변동을 경험하는 알제리에 대한 연구를 계속했다. 지배자들의 식민지 개발 방침에 따라 아무 대책 없이 냉혹한 자본주의와 대면하게 된 알제리 노동자들의 삶을 다룬 『알제리의 노동과 노동자들』(1963), 효율적으로 식민지인들을 통제하기 위해 고안된 집단이주민수용소의 문제를 다룬 『뿌리 뽑힘』(1964) 등을 출간했다.

알제리에 처음 도착했을 때, 부르디외는 알제리가 자신이 프랑스에서 막연히 알고 있던 것보다 훨씬 더 빈곤하며, 또한 집요한 폭력에 노출되어 있다는 사실에 놀랐다. 식민지를 수호하려는 정치가들이나 우파 학자들의 부인에도 불구하고, 부르디외는 그러한 상황이 식민지 착취에 의한 결과임을 분명히 밝히려 하였다. 안타깝게도 대부분의 식민지에서 그렇듯, 당시 알제리 내에서도 식민지배의 폐해를 부정하고 오히려 수혜의 측면을 부각하려는 이들이 있었다. 지식인들조차 자국의 현실에 대해 잘 모르거나 또는 의도적으로 외면한 채 이런 주장에 동조했다.

그래서 부르디외는 더더욱 실제 알제리의 현실 상황을 있는 그대로 분석하여 보여 주려고 노력하였다. 파리와 알제리의 지식인들이 만들어 낸 신비화된 알제리의 모습을 벗겨 내고 식민지 알제리의 고통을 들춰내려는 그의 노력은 학계에 신선한 충격을 던져 줌과 동시에 악의적인 비난과 부정도 불러왔다. 그중에 부르디외를 가장 아프게 한 것은 알제리의 진짜 모습을 모르는 이방인의 동정심 어린 시선이라는 비난이었다.

그는 자신의 연구에 설득력을 더하기 위해 인터뷰와 통계자료, 사진 등을 활용했다. 현지인들의 생생한 목소리와 생동감 있는 이미지, 거짓 정보를 바로잡아 주는 통계자료와 이를 분석한 그래프 등을 연구 작업에 동원한 것은, 당시 학계에서는 전례가 없는 일이었다.

알제리 연구 초기에 부르디외는 경험적 조사연구와 관련된 경험이 없었기 때문에 이에 필요한 지식과 방법론을 독학으로 습득해야 했다. 필요한 자료와 서적들은 프랑스에 있는 지인들로부터 도움을 받았는데, 그중에서도 특히 클로드 레비스트로스Claude Levi-Strauss(1908-2009)와 막스 베버Max Weber(1864-1920)의 저작에 많은 영향을 받았다.

레비스트로스의 인류학은 초기에 연구의 방향을 설정하는 데 큰 도움을 주었다. 그러나 점차 구조주의적 접근의 한계를 인식하면서, 부르디외는 행위의 실천적 측면을 고려할 수 있는 접근 방법을 고민하기 시작했다. 그때 만난 베버의 이론은 부르디외의 중요한 학문적 밑거름이 되었다. 특히 프랑스 철학의 전통에서 독일의 사상가 베버는 거의 수용되지 않았던 점을 고려하면, 베버와의 접속은 부르디외에게는 큰 행운이었다. 부르디외는 당시 자신이 베버에 지향되어 있었다고 고백할 정도로 그에게 상당한 영향을 받았다.

알제리에 첫발을 내디딜 때만 해도 밤새도록 에드문트 후설 Edmund Husserl(1859-1938)을 읽을 정도로 철학자로서의 정체성을 지니고 있던 부르디외는, 어렵게 획득한 철학자의 권위를 내려놓고, 인류학을 거쳐 사회학자로서 스스로를 수련해 나갔다. 그에게 중요한 것은 권위 있는 이론을 입증해 내는 것이 아니라, 우리가 살아가는 현실에서 출발해 그것을 가능하게 하는 사회적 조건들을 드러내고 해명해 내는 것이었다. 특히 당장 자신이 목도하고 있는 알제리 사회에 대한 구체적인 조사연구를 통해 알제리인들의 삶을 제대로 파악하고 그 이면에 감추어진 알제리 사회의 구조를 드러내 보이는 일이 시급했다.

전쟁과 극심한 정치적 대립으로 혼란스런 상황에서, 부르디외는 알제리와 관련한 특정 정치 노선을 지지하는 대신 알제리 사회에 대해 규명하고 알리기 위한 작업에 몰두하였다. 알제리 해방을 누구보다도 강렬히 지지하는 그였지만, 혁명을 통해 새로운 사회를 만들 수 있으리라 믿는 알제리 독립운동의 유토피아적 이상주의는 경계하였다. 부르디외는 프랑스인 들뿐만 아니라 알제리인들, 그중에서 지식인들조차도 자신들 이 살고 있는 사회에 대해 잘 알지 못한다고 보았다. 그는 사 람들이 자신이 살아가는 세계를 분명히 이해하고 그것을 바 탕으로 제대로 된 해법을 찾기를 원했다. 부르디외는 프랑스 와 알제리의 지배집단과 지식인들에게 정확한 현실을 알림으 로써 그들의 각성을 촉구하였다.

알제리에서 부르디외가 보여 준 작업 방식에서 돋보이는 점 은, 알제리 사회의 여러 지식인과 협력하고, 특히 미래의 연구 자원이 될 알제대학의 학생들을 연구진으로 참여시켰다는 점 이다. 그런데 무엇보다 놀랍고 획기적이었던 것은, 영문도 모 른 채 고통을 감내해야만 하는 식민지의 가장 큰 피해자인 하 층계급 당사자들의 목소리를 연구에 직접 담아냈다는 것이 다. 인터뷰와 사진으로 등장하는 그들의 생경하고 생생한 모 습은 정제되고 학자연한 연구에서는 결코 알 수 없는 현실을 드러내 주었다.

당시 부르디외의 알제리 연구의 궁극적 목표는 학문적 성취 보다는 알제리인들의 회복이었다. 삶의 밑바닥에서 허덕이는 알제리인들이 자신들이 겪는 고통의 배경을 제대로 파악할 수 있도록 도구가 되어 주고, 그로 인해 그 비참의 원인이 그들 개인의 잘못이 아니라는 것을 깨닫게 하여, 스스로 문제를 돌파할 수 있는 '해방적 힘'을 제공하고자 함이었다.

카빌리에서 부르디외는 자신의 고향 베아른과의 유사점을 강하게 감지했다. 척박한 환경과 오랜 궁핍에서 오는 좌절감, 촌놈으로 무시당하고 경시받으며 주입된 열등감, 그렇기에 더욱 버리기 힘든 고집과 습성 등. 경제적으로 빈곤하고 문화적으로 열등한 취급을 받는다는 점에서 프랑스 변방의 시골과 바다 건너 식민지는 많이 닮아 있었다. 그는 프랑스로 돌아와서도 알제리에서 하던 연구를 이어 갔고, 자연스럽게 베아른에 대한 연구와 연결시켰다.

부르디외는 경제적 요인 이외에도 관습, 언어, 생활습관 등이 어떻게 사람의 우열을 가리며 차별의 기제로 작동되는지 그 교묘하고 미세한 부분을 파고들었다. 당시 발표한 카빌리와 베아른에 관한 연구들에서는 이미 '아비투스' 개념이 등장하기 시작한다.

알제리는 부르디외에게 또 하나의 중요한 인연을 제공했는데, 그것은 바로 레몽 아롱Raymond Aron(1905-1983)과의 만남이다.

부르디외는 자신이 조교로 근무하던 알제대학 교수의 소개로, 마침 알제리를 방문한 소르본대학 교수 아롱을 만나게 된다. 아롱은 부르디외와 마찬가지로 파리고등사범학교에서 철학을 전공한 후 사회학으로 전향하였는데, 독일의 현상학과 사회학을 프랑스에 소개하고 정치사회학 분야를 개척하는 등 프랑스 학계에서 사회학이 자리 잡는 데 크게 공헌한 인물이다.

아롱은 부르디외가 사회학자를 직업으로 삼을 수 있도록 발판을 마련해 주었다. 이 전도유망한 젊은 연구자를 파리로 불러들였고, 큰 기대를 걸었던 만큼 후원을 아끼지 않았다. 아롱의 추천으로 부르디외는 프랑스 북부에 있는 릴대학 사회학과에 강사로 초빙되었다(1961-1964). 그는 카를 마르크스Karl Marx(1818-1883), 에밀 뒤르켐Émile Durkheim(1858-1917), 막스 베버를 중심으로 사회학 강의를 하였는데, 사회학에 대한 호기심을 충족시켜 주는 뛰어난 강의로 평가받았다고 한다.

부르디외의 강의 내용이나 수업 방식은 조사방법론이나 통계를 중심으로 하는 북미 경험주의학파의 영향을 받은 동료 교수들과는 확연히 차이가 났다. 부르디외는 마르크스나 베버 같은 뛰어난 사상가들의 이론이라 하더라도 그것이 현실의 삶을 설명할 수 있어야 한다고 보았다. 철학과 인류학을 두루 파고들었던 지적 자산을 가지고 있었으며, 이미 알제리에서 풍부한 현장 경험을 확보한 덕분에, 부르디외는 이론을 위한 이론에 머물지 않고 현실의 문제를 해명하는 도구로서 이론을 활용할 줄 알았다.

여기에서 부르디외는 소위 선망의 대상이 되었는데, 그는 자신을 바라보는 이러한 시선이 오직 자신의 학자로서의 역량에 따른 것이라고만 여기지 않았다. 파리고등사범학교 출신이자 프랑스 학계에서 대단하게 평가하는 철학교수 자격 취득자이며, 또한 획기적인 알제리 연구로 명성을 얻은 젊은 학자라는, 자신이 가진 화려한 이력이 동료들이나 평범한 주민들과는 어떤 구별을 만들어 내는지, 부르디외는 자신을 둘러싼 환경과 그 안의 사람들 간의 관계를 객관적으로 바라보았다.

부르디외는 1968년, 레몽 아롱의 지속적인 후원에 힘입어 파리고등연구원에 '유럽사회학센터'를 설립하고 사무총장직을 맡았다. 그는 일단의 사회과학 전문연구자들을 초빙하여 공동 연구팀을 구성하는 방식으로 프로젝트를 수행하였는데, 이후 이러한 팀 연구는 부르디외의 특징적인 연구 스타일이 되었다.

그는 센터의 젊은 연구자들이 기존 잡지에 글을 게재할 기회를 얻지 못하자, 독자적으로 『사회과학연구』(1975)라는 잡지 형식의 간행물을 발간하여 연구 플랫폼으로 활용하였다. 연구자들은 공동 작업장이라 할 수 있는 센터에서 함께 밤을 새워 작업하면서, 대학과 같은 아카데미 영역의 젊은 연구자들에게는 허용되지 않았던 비非관습적인 표현 형식들을 마음껏 시도하였다. 이러한 작업은 프랑스 학계에서 사회학이 새롭고 매력적이라는 인식을 심어 주는 데 크게 기여하였다.

부르디외는 학문의 장이 연구자들에게 순수하게 열려 있지 않다는 것을 누구보다 잘 알았다. 학계에서 통용되는 룰과 형식의 벽을 벗어나면 학계에 자리를 잡기가 매우 어려웠다. 이에 부르디외는 연구자들이 자유로운 연구를 하면서도 경력을 쌓을 수 있도록 후진들에게 길을 만들어 주었고, 이런 작업들을 통해 보수적인 학계에 혁신을 일으켰다.

그런데 부르디외는 이렇게 얻어진 사회학적 연구 결과가 대중들과 괴리되는 것을 크게 염려했다. 학문 연구의 성과가 지식인들의 자기만족이나 밥벌이로 끝나서는 안 되며, 대중들이 부담 없이 접하고 활용할 수 있도록 제공되어야 한다고 생각했다. 사람들이 자신들이 살아가고 있는 사회를 잘 이해하지 못해서 언론이나 가짜 지식에 속는 것을 늘 안타까워했던 부르디외는 소책자 형식의 출판물을 발간하여 세계화, 신자유주의, 미디어 등 중요한 사회적 쟁점들에 대해 알기 쉽게 설명하고 대중들의 이해를 돕는 작업을 꾸준히 진행하였다.

세계의 비참

1960년대에 부르디외의 주된 관심은 교육 시스템을 통한 사회적 재생산 방식에 대한 연구였다. 부르디외는 교육이 사회불평등을 해소하고 계층이동을 위한 효과적인 수단이 되고 있다는 통념을 뒤집고, 학교가 오히려 불평등을 유지하고 재생산하는 데 기여한다는 점을 증명해 보였다.

그는 장클로드 파스롱Jean-Claude Passeron과 함께 교육 시스템과 문화소비에 대한 학생들의 계층적 인식에 관한 경험적 조사연구를 수행하여 『상속자들: 학생과 문화』(1964)를 출간하였다. 교우 관계, 성적에 대한 걱정, 여가시간 활용, 학생들 간의 상호 이미지 등 세세한 조사와 분석을 통해 도달한 결론은 학생들의 격차가 부모로부터 비롯된다는 것이었다. 부모의 경제적 자본뿐만 아니라 문화자본이 학생들의 학업 성취도나 취향에까지 깊이 연관되어 있다는 연구 내용은, 인간은 누구나 환경의 영향을 받는다는 막연한 상식을 넘어서, 교육제도가 어떻게 사회적 불평등에 관여하는지, 그 구조적 문제를 선명하게 드러냄으로써 사회적으로 큰 파장을 불러일으켰다. 이 책은 프랑스 사회의 변혁을 촉진하고 대학 평준화를 이끌어 낸 프랑스 68운동에 상당한 영향을 미쳤다는 평가를 받는다. 부르디외와 동료들은 후속 연구를 보완해서 『재생산: 교육체계 이론을 위한 요소들』(1970)을 출판했는데, 여기에서도 그간 명백한 것으로 간주되던 교육의 해방적 기능이라는 신화를 다시 한번 허물었다.

지식인의 장에 대한 부르디외의 가장 중요한 연구는 프랑스 대학에 대해 상세히 분석한 『호모아카데미쿠스』(1984)와 그랑제콜 출신들이 정보와 네트워크를 독점하며 지배집단화되어 가는 과정을 다루고 있는 『국가귀족』(1989)이다. 대학을 비롯한 엘리트학교에 대한 이 연구들의 주된 목적은 기존 연구를 통해서 개발된 문화자본과 같은 이론적 분석도구를 지식생산을 담당하고 있는 지식인의 장에 적용해 보는 것이었다. 부르디외는 결론적으로 학벌을 통해 권위와 정당성을 획득한 엘리트들이 대중과 접점을 잃고 프랑스 사회를 위기에 빠트렸다고 지적했다.

부르디외의 교육 관련 연구는 프랑스 사회의 위계질서가 교육제도를 통해 공식적으로 재생산되는 과정을 여러 각도에서 보여 준다. 실력, 능력, 인상, 취향, 품성조차도 개인적인 역량이 아니라 부모로부터 상속받은 자산이며, 공정하고 보편적인 가치를 가르친다고 믿고 있던 학교 교육도 선별과 배제의 기능을 수행하며 지배집단의 권력 세습에 객관적으로 기여한다는 것이다. 이렇게 권력관계를 은폐한 채 의미와 정당성을 부여하며 문화적 자의성을 주입하는 교육과 같은 기만적 행태를 부르디외는 '상징폭력'이라고 칭했다.

부르디외의 학문 여정에서 가장 두드러진 성과는 무엇보다도 『구별짓기』(1979)라고 할 수 있다. 『구별짓기』는 1960년대 프랑스 사회를 대상으로 상징적 실천의 사회적 사용에 대한 수많은 개별 연구를 모아서 하나의 사회구조 분석으로 종합한 방대한 저술이다. 예술, 음식, 패션 등 일상생활의 전 영역에 걸친 프랑스인들의 취향 분석을 통해, 부르디외는 동질적인 집단을 포착해 냈고, 이러한 생활양식 연구로 계급의 실체를 보여 줄 수 있다는 점을 입증해 냈다.

부르디외는 『구별짓기』를 통해 자신의 이론의 핵심 개념인 아비투스, 장, 자본의 작동 원리를 실증적으로 규명함으로써 그간 철학적, 사회학적으로 해명되지 못한 문제들에 대해 설득력 있는 접근법을 제시하였다. 이는 사회불평등 연구의 이론적 기초를 제공하던 기존의 계급이론에 대한 일정한 비판과 수정의 의미를 담고 있다는 점에서 큰 의의를 갖는다. 당시 계급이론은, "이제 계급은 없다"라는 선언에 맞서 객관적인 계급구조뿐만 아니라 주관적인 '계급의식'을 가진 집단을 확인하는 데 노력을 기울여 왔다. 이러한 상황에서, 물질적 측면뿐만 아니라 문화적 측면을 비롯한 다양한 요소를 고려하여야만 실재하는 계급을 파악할 수 있다는 부르디외의 제안은 계급이론에 있어 획기적인 전환이었다.

부르디외는 이 밖에도 예술, 노동, 젠더, 언론 등 다양한 방면에서 지속적으로 연구물을 생산했다. 특히 예술의 사회적 기능과 예술 향유의 사회적 조건에 대해 예리하고 새로운 접근을 보여 주었다. 그는 초기 저작인 『예술을 위한 예술』(1966)을 통해 교육 수준과 예술취향 사이의 긴밀한 연관성을 밝히고, 고급문화 향유가 어려서부터 자연스럽게 이루어지는 사회적 조건에 대해서 조명하였다. 『예술의 규칙』(1992)에서는 문학의 장에서 펼쳐지는 사회적 인정을 둘러싼 치열한 경쟁과 권력관계를 추적하면서 예술의 장의 작동 원리를 파헤쳤다.

다수의 인터뷰로 구성된 『세계의 비참』(1995)은 노동시장이나 학교의 선택에서 배제된 다양한 사람들의 경험과 삶의 이야기를 담고 있다. 이들이 자신의 삶을 스스로 어떻게 느끼고 받아들이는지, 또 어떻게 견뎌 내는지 말하게 함으로써 그들의 빈곤이 사회적으로 점한 '위치'에 의해서 조건 지어진 것임을 스스로 드러내게 했다. 사회적 빈곤이 신자유주의 정책의 결과임을 폭로한 이 책은 유럽 사회에서 정치적 행동을 이끌어 내는 큰 자극제가 되었다.

또한 부르디외가 가장 활발하게 사회 참여를 실천했던 1990년대에 발표했던 글과 강연, 대담 등을 묶어 출간한 『맞불』(1998)에는 지식인으로서 부르디외의 성찰과 모색이 담겨 있다. 결론적으로 부르디외의 학문적 실천은 이 세계와 사람들을 병들게 하는 교묘한 주장과 위선적인 논리가 사회를 지배하지 않도록 그 영향력을 차단하기 위한 맞불이었다.

촉매자 또는 산파

1981년 부르디외는 '콜레주드프랑스College de France'의 석좌교수로 초빙되었다. 콜레주드프랑스는 지식인들만의 격리된 세계인 대학의 틀을 깨고자 누구에게나 개방된 학문의 전당을 표방하며 설립된 프랑스의 특수한 아카데미다. 콜레주드프랑스의 교수가 되었다는 것은 당대 최고의 석학으로 공인받았다는 것이며, 그 직함 자체가 곧 학자로서 최고의 명예로 여겨진다.

초빙 당시 부르디외는 한 인터뷰에서 "나는 촉매적인 기능을 수행하기 위해 공적인 삶에 참여하는 것이며, 나에게 주어진 권력을 가능한 한 효과적으로 사용하여 상징권력과 싸우는 것을 의무로 느낀다"라고 언급하였다.

학생 시절부터 논쟁을 일삼았다고 스스로 밝혔지만, 사실 학자로서는 자신을 누르고 자제하던 부르디외였다. 그런데 학자로서의 위상이 최고 정점에 이르렀을 때, 여유로운 삶에 안주하지 않고 자신의 권위를 사회의 약자들을 위한 도구로 내놓겠다고 선언한 것이다. 부르디외는 사회학을 격투기에 비유하였기에 사람들은 그를 '격투기 선수'라고 부르기도 한다. 부르디외는 '박탈당하고 모욕당하며, 배척당하고 농락당하는' 약한 자들의 목소리를 찾아주기 위해 본격적인 싸움을 시작했다.

그 첫 싸움은 콜레주드프랑스 교수로 부임하던 첫해 겨울에 벌어졌다. 부르디외는 폴란드에서 일어난 노동운동에 대한 무력진압에 항의하는 성명서를 발표했다. 당시에는 노조나 진보적 지식인들조차 프랑스 사회당 정부에 부담을 주지 않기 위해 사회주의 국가의 노동자 탄압에 대해 함구하고 있었다. 현실 정치에 매몰되어 국제적인 연대와 정의를 외면해서는 안 된다는 부르디외의 호소는 결국 프랑스 사회를 움직였고 노동자와 지식인들의 연대를 이끌어 냈다.

부르디외는 지식인의 참여의 전제는 지식인의 장의 자율성이라고 보았다. 지식인이 활동하는 장으로서 학문의 장은 그 고유한 내재적 법칙에 의해서 지배되는 자율성을 가진다. 이 장은 '사심 없음의 이해관계'에 바탕을 둔 지식인 개념에 기초한다. 부르디외에게 학문적 보편성이란 모든 이해관계로부터 자유로운 장의 자율성을 전제로 한다. 지식인의 참여는 항상 학문적 보편성을 전제로 하며, 역으로 학문적 보편주의는 항상 참여의 논거가 된다.

'참여 없는 학문은 없고, 학문 없는 참여도 없다'는 부르디외의 생각은 확고했다. 1995년 부르디외가 프랑스 철도노동자들의 파업을 지지하는 시위에 참여한 일은 사회적으로 커다란 이슈가 되었다. 당시 세계를 휩쓴 신자유주의의 영향으로 무한 경쟁과 실업 위기에 내몰린 노동자들의 저항이 거셌는데, 이것이 프랑스에서는 공공 부문 대파업으로 폭발했다.

흥미로운 것은 이 시기에 '전문가'라는 새로운 유형의 지식인 집단이 형성되었다는 것인데, 이들은 언론을 통해 자신들은 지식인으로서의 책임을 다하겠다며 정부의 신자유주의 정책을 지지한다고 선언했다. 그간 프랑스 사회에서 대부분의 지식인이 자본주의와 국가권력의 남용을 비판하며 사회적 약자를 지지하는 방식으로 사회 참여를 실천해 왔던 데 반해, 공식적으로 정부와 기득권층을 옹호하는 지식인 집단이 등장했다는 것은 매우 놀라운 일이었다.

언론은 친정부, 친기업 성향의 전문가 집단의 발언을 집중적으로 부각시키며 파업 노동자들을 일반 시민들과 분리시켰다. 학문, 정치, 문학 등 다양한 사회적 장의 자율성이 점점 더 상업의 원리를 좇는 미디어에 의해 위협을 받고 있음을 부르디외는 심각하게 우려했다. 그리고 그는 사회학자로서 자신의 실천적인 과제는 미디어에서 배제되어 말할 기회를 얻지 못하는 사람들이 자신을 표현하고 자신의 사정에 대해서 말을 할 수 있도록 돕는 산파의 역할을 하는 것이라고 여겼다.

부르디외는 철도노동자들의 파업이 무책임하고 이기적인 행위가 아니라 신자유주의의 문명파괴에 저항하는 정당한 투쟁이라며 지지를 선언했다. 파업 현장인 리옹역에 직접 나타난 대학자의 파격적인 행보는 대단한 주목을 끌었고, 편파적이던 여론도 어느 정도 균형을 찾았다. 부르디외는 이후로도 실업자나 난민들의 시위 현장에 직접 등장하며 사회적 약자들에게 힘을 실어 주는 활동을 꾸준히 이어 갔다. 총파업에 동조하여 파업 노동자들에게 힘을 실어 주는 지식인들과 공공연히 신자유주의 수호자를 자처하며 노동자들을 벼랑 끝으로 몰아가는 지식인들의 대조적인 모습은 양분된 지식인의 장의 상징적인 풍경이 되었다.

부르디외는 "왜 정치적 활동을 하는가?"라는 질문에 "나는 정치가로서가 아니라 학자로서 참여하고 있으며 이것이 학자의 역할이다"라고 응답하였다. 그는 명망 있는 지식인들의 발언이 정치가들보다 훨씬 영향력도 크고, 또 그만큼 해악도 크다고 보았다. 그들은 전문가라는 권위를 등에 업고 논리적이고 세련된 방식으로 대중들을 현혹하기 때문이다. 또한 거스를 수 없는 대세이므로 다른 대안이 없다고 압박하여 일반 대중들이 부당한 체제에 저항할 수 없도록 무기력하게 만드는 것이, 신자유주의에 영혼을 판 학자들이 자아내는 가장 심각한 폐해라고 여겼다.

부르디외는 생애 마지막 몇 년 동안 지식인들이 신자유주의의 부활을 어떻게 정당화하는가에 대해서 분석하는 데 집중했다. 시간이 흐를수록 더 많은 학자가 전문가라는 이름으로 신자유주의를 옹호하고 지지하는 것에 대해 부르디외는 심각하게 받아들이고 깊이 통탄했다.

그는 전 생애를 통해서 자본과 권력의 힘이 통용되는 논리에 대한 분석과 그것으로부터 부당하게 대우를 받으면서도 그 실체를 인식하지 못하고 당연한 것으로 믿고 살아가는 사람들을 대변하는 데 헌신하였다. 이러한 헌신은 타인의 삶에 대한 연민이 아닌 스스로의 삶에 대한 겸허한 성찰에 힘입고 있다. 실제로 부르디외는 파업 현장이나 토론회에서 노동자들을 지도하거나 자신을 내세우는 위치를 피하고, 한 사람의 참여자로서 겸손한 모습을 보여 주었다.

그는 자신의 사회적 지위나 명성을 어떻게 활용해야 하는지 잘 알았고, 그것을 사회적 약자들에게 투쟁의 도구로 제공하였다. 2002년 부르디외가 세상을 떠났을 때, 여느 학자들과는 사뭇 다른 장면이 펼쳐졌다. 그의 학문적 업적을 칭송하는 학자들의 추도사 못지않게 그를 추억하는 노동자들의 진심 어린 애도의 목소리가 끝없이 이어졌다. 그것만으로도 그의 삶이 어떠했는지 설명될 것이다.

2

사회적인 것은 사회적인 것으로

부르디외는 자신의 학문적 여정을 철학으로부터 시작했지만, 오히려 철학과의 대결 및 단절을 통해 사회학자로서 자신의 학문적 삶을 새롭게 직조하였다. 부르디외는 존재의 문제를 살피느라 개별 존재자들에게는 무심했던 철학의 관행을 깨고, 무방비 상태로 삶의 현장에 던져진 가난하고 소외된 자들의 일상을 연구 주제로 삼았다. 이러한 부르디외의 파격은 그간 학문의 세계에서 외면당하거나 하찮은 취급을 받았던 사소하고 일상적인 것들을 사회적으로 해석해 냄으로써, 당시의 학문적 흐름에서 놓치거나 오인했던 것들을 제대로 응시할 수 있게 해 주었다.

사회과학이라는 도전

우리가 살아가는 이 사회는 어떻게 유지되고 또 변화하는가? 이 질문은 인간의 자유의지와 사회구조에 관한 질문이다.

본질적으로 개인은 자신의 의지와 무관하게 사회적 제약과 통제를 받는 구조의 담지자일 뿐이라는 구조주의적 관점과, 행위 주체의 자유의지와 반복되는 행위들이 사회변화를 이끌어 낸다는 행위론적 관점은 오랫동안 이분법적으로 대립해 왔다. 행위와 구조의 이분법적 대립은 흔히 주관주의와 객관주의, 현상학과 구조주의의 대립으로 대표된다. 현상학은 일차적인 경험적 생활세계에 관심을 두었고, 구조주의는 그러한 행위자의 일상적 경험을 가능하게 하는 사회적 조건에 초점을 맞추었다. 따라서 현상학적 전통에 발을 딛고 있는 행위론적 관점은 사회구조를 변화시키는 사회적 행위의 유의미한 창조적 측면을 강조하는 반면, 구조적 조건이 행위를 제약하는 측면에 초점을 두는 구조주의적 관점은 사람들을 단지 구조를 재생산하는 구조의 담지자로 규정한다. 물론 이와 같은 이항대립을 해체하려는 무수한 노력들이 있었지만, 그러한 노력마저도 이분법에 의해 어떤 계보에 해당하는지 변별당하고 말았다.

부르디외의 학문적 여정은 이분법이나 이원론을 거부하고 실제 사회를 적합하게 다룰 수 있는 접근법을 찾기 위해 기존의 이론들을 비판적으로 계승하면서 창조적으로 재구성한 과정이다. 부르디외를 이해하기 위해서는 그의 학문적 경로가 그의 사회학 연구와 이론의 구성에 어떤 영향을 미쳤는지를 맥락적으로 살펴볼 필요가 있다.

부르디외는 빈번하게 "당신은 마르크스주의자인가, 아니면 베버주의자인가?"라는 질문을 받았다. 그는 항상 "나는 어떤 주의자가 아니라 단지 과학자일 뿐이다"라고 대답했다. 부르디외는 이론의 계파나 노선과는 무관하게, 현실과 그 현실을 제약하는 심층 구조를 설명할 수 있는 가장 적절한 이론들을 끌어들여 그 맹점을 보완하며 재구성했다. 그는 학문의 장을 옥죄는 전통적이고 아카데믹한 관습을 과감히 부수고, 현실의 땅에 발을 붙인 설득력 있고 도전적인 학문적 체계화를 시도하였다. 그의 사회학은 언제나 '이론을 위한 이론'이 아닌 구체적인 경험적 현상 속에 감추어진 부분을 들추어내기 위해 새로운 개념화를 시도하는 도전의 과정이었다.

부르디외는 자신의 사회학 이론을 실천적 구성주의, 구조주의적 구성주의 또는 구성적 구조주의라고 표현한다. 그의 관점에 따르면, 우리가 인식하는 세계는 기본적으로 우리의 관점과 지향에 따라 구성된 것일 뿐이다. 따라서 자신의 이론을 포함한 모든 학문적 연구 결과도 그 자체로 본질적이거나 절대적인 것이 아니며, 단지 학자에 의해서 구성된 이론적 작업에 다름 아니다. 학문적 작업의 객관성 역시 절대적 진리의 발견에 의해 획득되는 것이 아니라 다양한 관점의 학문적 실천이 각축하는 '학문의 장의 내적 논리'에 의해 사회적으로 구성되는 것이다.

기본적으로 부르디외는 마르크스, 베버, 뒤르켐이 남긴 고전 사회학의 유산을 이어받고 있다. 마르크스가 던졌던 '사회적 불평등'과 '전도된 의식'에 대한 질문에 대해 '상징 차원의 불평등'과 '가치의 제도화' 개념으로 응답했던 베버처럼, 부르디외도 '집합적 오인'이 무의식적으로 초래하는 사회적 불평등의 재생산 문제를 다룬다. 이러한 사회학의 과제에 대한 그의 프로젝트는 뒤르켐이 그랬던 것처럼 철저하게 '사회적인 것을 사회적인 것'으로 해명하는 작업이었다. 뒤르켐이 철학과의 대결 속에서 사회학의 정체성을 정초했던 것처럼, 철학도로 출발했던 부르디외 역시 철학적 사유와 대결하면서 현실에 놓인 사회학의 과제를 풀어 나갔다.

또한 부르디외는 구조주의의 기반 위에서 사르트르로 대표되는 주체주의적 실존주의와 대립하였지만, 학문적 여정의 시발점이 되었던 현상학과 계속 씨름하면서 실천적 구성의 기초로서 시간의 중요성에 주목한다. 또한 이러한 현상학적 사유의 성과를 가스통 바슐라르Gaston Bachelard(1884-1962)의 구성주의적 과학론의 전통과 결합시킴으로써, 기존 철학으로 해소되지 못했던 의문점에 스스로 해답을 제시하며 사유를 확장해 나간다.

부르디외의 작업은 책상 위에서 구상된 이론이 아니라 현장의 경험연구를 통해서 개발되고 다듬어진 것이며, 그런 점에서 아비투스, 장, 자본, 생활양식 등의 개념은 절충적인 이론적 관점에서 나온 것이 아니라 철저하게 경험적 현상을 설득력 있게 설명하기 위해 구성한 이론적 수단임을 기억할 필요가 있다.

사회학의 전통

부르디외의 실천적 사회학은, 베버의 전통을 이어받고 있음에도 불구하고, 행위에 대한 사회학적 해명이 단순히 행위자의 의식을 기술하는 것을 넘어서 왜 그러한 의식을 가지게 되었는가를 설명해야 한다고 강조한다. 그것은 일차적으로 행위에 영향을 미치는 구조적 조건에 대한 분석을 요구하며, 이는 기본적으로 그의 사회학이 뒤르켐의 사회학적 전통을 충실히 이어받고 있음을 보여 준다.

사회학은 근대와 더불어 태동한 학문이다. 사회학의 창시자로 불리는 오귀스트 콩트Auguste Comte(1798-1857)는 프랑스대혁명의 후폭풍이 몰아치던 혼돈의 시대를 살았다. 애초 자연과학도로 학문을 시작했던 그는 새 시대가 인간을 더 나은 방향으로 이끌어 주리라는 기대를 저버리고 오히려 혼돈과 고통을 초래하는 비극을 목격하면서 사회적 문제에 관심을 기울이게 되었다. 그는 자연과학과 마찬가지로 실증주의적인 과학적 방법을 적용하여 합리적으로 사회 이론을 설계하려는 야심찬 시도를 했다.

콩트는 인간 정신의 발전에 따라, 신학이 지배하는 종교적 단계, 형이상학이 주도하는 철학적 단계, 과학적 방법론에 기반한 실증적 단계로 사회가 진보한다고 보았다. 콩트는 '인간이란 이런 것이다', '사유란 저런 것이다' 같은 철학의 보편적 설명은 추상적인 관념의 혼용 덩어리라고 비판했다. 그래서 철학을 넘어 실증주의 과학의 방법론으로 사회를 규명하기 위해 자신이 주창한 사회물리학, 즉 사회학을 실증과학의 정점에 세웠다.

콩트에 따르면, 실증적인 방법론은 두 가지 측면이 맞물려야 한다. 하나는 기능적인 측면, 또 다른 하나는 역사적 측면이다. 우선 철학에서 모호하게 만들어 놓은 관념의 덩어리들에 대해 감정 개입을 배제한 채 기능만을 보고, 그러한 기능이 특정한 상황 속에서 어떻게 작동되는지 역사적으로 짚어 본다. 그는 이렇게 기능성과 역사성을 동시에 확보함으로써 사회적인 것을 실증적으로 해명할 수 있다고 보았다.

형이상학적 사유와 대결하면서 실증주의 단계의 사회과학을 정초하려고 했던 콩트의 작업은 힘겨웠다. 제도권 학문의 장에서 중도 이탈하여 공식적인 자격을 갖추지 못했기에 콩트의 지위는 그의 학문적 성취와는 별개로 늘 위태로웠다. 사회학이 학문의 세계에서 제도화되고 전문적인 분과학문으로서 안정적인 지위를 얻게 된 것은 뒤르켐에 이르러서였다.

　뒤르켐은 사회학을 실증과학으로 정립하려는 콩트의 의도를 분명하게 물려받았다. 그는 철학적 문제제기를 순수 이념 및 사유의 하늘로부터 끌어내려 사회학적 분석을 통해서 해소하려 했다. 뒤르켐은 사회적 현상을 심리학이나 철학으로 소급시키는 환원주의에 대해 경고하고, 아울러 자연과학과 동일한 방식의 접근법에 대해서도 강하게 거부했다. "사회적 사실을 사물처럼 다뤄야 한다"라는 뒤르켐의 방법론적 원칙은 결코 사회학이 자연과학과 동일하다는 뜻이 아니다. 사회적 사실은 개인에게 독립적으로 존재하면서도 개인에게 외적 강제력을 발휘한다. 사회적 사실을 다룰 때는 이러한 측면을 고려하되, 이때 과학적 태도를 가지라는 것이다. 뒤르켐이 말하는 과학적이라는 것은 전근대 시대의 종교적 편견에 가득 찬 비합리적인 사고와 대립되는 학문적 태도다.

　사회학을 독자적인 대상을 가진 경험과학으로 증명하려 한 뒤르켐의 노력은 사회를 하나의 독자적인 형식의 현실로 바라보게 했다. 그는 '사회적인 것은 단지 사회적인 것을 통해서'만 설명되어야 한다고 강조했다. 경험과학은 이론적 필요에 의해서가 아니라 일상적 삶에서 직면하는 사회적 문제들에 대한 해명과 실천에 대한 필요에 의해 요청된다. 이러한 임상적 관점에서 뒤르켐 이후 프랑스 사회학은 경험적 분석에 기초해서 과학성을 얻으려고 노력했으며, 이론적으로 수행된 연구조차도 경험연구와 관련을 가지는 학문적 전통이 만들어졌다.

뒤르켐의 사회학은 기본적으로 '계약의 비계약적 요소'에 대한 관심에서 출발한다. 그의 원시종교 연구에서 드러나듯이, 그에게 사회구조는 물리적인 개념이 아니고 규범, 관습, 도덕과 같은 '집합의식'이다. 그는 이를 자연과학이 물질적 대상을 연구하듯이 '사회적 사실social fact'로서 다루어야 한다고 강조한다. 그는 이러한 관점에서 극히 개인적이고 심리적인 문제라고 여겨지는 자살의 연구를 통해서 '사회적 사실'에 대한 자신의 사회학적 접근 방법을 보여 주었다. 뒤르켐은 『자살론』을 통해서 개인의 사적인 영역으로 간주되어 왔던 현상들을 사회적 사실로 다루어 냄으로써, 사회학이 사회현상을 어떻게 다루어야 하는가를 매우 인상적으로 보여 주었다.

뒤르켐에게 집합의식은 한 개인이 없어진다고 하더라도 계속 사회적으로 존재하고 전승되면서 영향을 미치는 것으로서, 사회적으로 실재하는 구조이다. 규범이나 사회적 윤리 같은 집합의식은 그 자체로 존재하는 본질과는 무관하게 사회적으로 정의된 것이다. 예컨대, 선과 악 또는 신성한 것과 신성하지 않은 것은 그에 대한 절대적인 기준이 원래 있는 것이 아니고, 그 시대 그 사회에서 그렇다고 정의된 것이다. 선한 행위, 신성한 존재 등은 그 사회의 필요에 의해 선하고 신성한 것으로 간주된 것이며, 그 기준은 사회적인 관계 속에서 형성된다. 이러한 뒤르켐의 관점은 부르디외를 포함한 이후 사회학의 학문적 발전에 크게 영향을 주었다.

콩트 이래로 프랑스 사회학의 전통은 철학적 사유들에 대한 사회학적 관점에서의 대응들이라고 할 수 있다. 뒤르켐을 비롯한 대부분의 초기 사회학자들이 그랬듯이, 부르디외 역시 냉정하게 철학적 관점과 단절하면서 사회학으로의 전환을 도모하였다. 이러한 단절은 본질적으로 사회적 현실과의 피할 수 없는 압도적인 대결로부터 나온 것이다. 더 이상 철학적인 것으로 설명되지 않는 것들을 사회학이 담당해야 한다는 도전이다. '사회적인 것은 사회적인 것으로 설명해야 한다'라는 뒤르켐의 명제는 부르디외 사회학의 출발과 주제의식을 잘 대변해 준다.

구조와 실천

부르디외는 알제리 카빌리 원주민 공동체의 생활양식에 대한 연구 초기에 레비스트로스의 구조주의 문화인류학적 연구 방법에 크게 의존하였다. 언어, 친족, 결혼, 종교 등 사회구성원 사이 사회문화적 관계의 경험적 구체성의 배후에 놓여있는 규칙적인 구조를 발견해 내는 것을 핵심적인 연구 과제로 삼았기 때문이다.

1930년대 후반 브라질 열대 지역을 탐험한 경험을 담은 레비스트로스의 『슬픈열대』(1955)는 인류학을 넘어서 대중적으로도 큰 반향을 일으켰다. 레비스트로스는 브라질 원주민들의 의식주를 중심으로 생활 전반의 내부 구조를 들여다보고 그들의 문화적 특성이 근본적으로 서구 사회와 다를 바 없으며, 나름대로 합리적이고 조화로운 문화를 가지고 있다는 점을 기술하였다. 레비스트로스의 보고서는, 그간 인종적으로는 우열이 있고 그로 인해 문화적으로도 큰 격차가 있다고 당연하게 믿어 온 서구 중심적 사고의 편견을 교정하는 계기를 제공하였다.

프랑스의 식민지배를 반대함에도 불구하고 그 한복판에 던져진 부르디외에게 레비스트로스는 여러 면에서 영감을 주었다. 후에 레비스트로스의 초기 구조주의를 비판적으로 극복하게 되지만, 사회에 관한 연구를 사변철학의 전횡에 내맡기지 않고 사회과학의 전통을 새롭게 정립했다는 점에서, 부르디외는 레비스트로스와 유사한 경로를 걸었다고 할 수 있다.

흔히 레비스트로스를 구조주의를 대표하는 학자로 손꼽는데, 그의 사유에 지대한 영향을 끼친 페르디낭 드 소쉬르 Ferdinand de Saussure(1857-1913)에 대한 이해가 선행되지 않는다면, 구조주의의 맥락은 파악하기 어렵다. 처음 구조주의적 사유를 사회과학에 확산시킨 연구자는 구조주의 언어학의 초석을 놓은 소쉬르다. 그는 시간의 흐름에 따른 언어의 변화로부터 출발하는 전통적인 역사적 언어 연구와 급진적으로 단절했다. 전통적인 의미에서 언어적 개념이란 항상 어떤 대상을 지칭하는 것이었다. 개념이라는 기표는 대상을 지칭하기 위해서 자의적으로 구성한 것이므로, 따라서 개념의 의미는 일차적으로 지칭 대상에 있다고 생각했다. 그런데 소쉬르는 구체적인 소리 언어인 발화parole와 언어적 기호의 상대성에 의해서 규정되는 문법체계langue를 구분하고, 후자에 일차적인 의미의 우선성을 두었다. 소쉬르의 구조주의 언어학의 혁명은 이렇게 개념과 대상의 관계를 단절시킨 데 있다.

소쉬르에게 언어란 사회집단을 통해서 오랫동안 사회적으로 구성된 체계로, 언어적 기호의 관계로부터 어떤 특정 의미가 생성되는가는 사회적 합의로부터 나온다고 보았다. 개념이라고 하는 것은 대상을 지칭하는 것이 아니라 언어체계 내에서의 관계, 즉 개념 간 관계에 의해서 의미가 규정되는 의사소통의 수단이다. 그런 점에서 개념은 대상 그 자체가 아니며, 단지 구분하기 위해 자의적으로 이름을 붙인 것이다. 예를 들어, 음료에 물, 커피, 차, 주스 등과 같이 이름을 붙이는 것은, 물질 그 자체의 특성에 따른 것이 아니라 서로 다른 물질을 구분하기 위한 사회적 합의에 의한 것이다. 개념은 관계 속에서 의미가 규정되는 것이지 현실 속에서 규정되는 것이 아니다. 실제 현실은 고도로 복합적이어서 대상의 명확한 경계를 구분하는 것이 불가능하다. 다만 우리는 의미의 관계 속에서 개넘적으로 구분하고 거기에 맞춰서 현실을 파악하는 수단으로 사용할 뿐이다.

구조주의는 개인과 집단의 행위는 물론, 제도의 기능 방식도 상대적이고 관계적인 관점에서 본다. 그래서 구조주의는 개별적인 요소나 대상적 특성보다도 구조의 우선성을 설정한다. 구조주의는 탐구하는 대상의 물질과 특성에 대해서 질문하는 것이 아니라, 그것의 상대성과 상호 관계를 통해서 그 행동과 영향력을 설명하려는 인식의 원리에 기초한다. 즉 물질의 특성 그 자체에 대한 탐구가 아니라, 그들이 어떤 관계로서 있고 주어진 구조 내에서 어떤 위치를 점하고 있는가가 인간 행위와 그것에 의해서 생산된 사회적·문화적 제도에 대한 과학적 통찰을 허용해 준다고 보았다. 따라서 개인의 창조적 능력, 자유의지, 의식과 행위를 강조하는 현상학과 그로부터 파생된 실존주의에 대해 주관주의적 관념에 복종하는 해석틀이라고 지적하면서 그 과학성의 결핍을 비판한다.

레비스트로스와 같은 초기 구조주의자들의 관점에서 보면, 구조는 시간이 흘러도 변하지 않는 영속적인 내적 구조를 가지고 있으며, 구조의 담지자로서 인간은 행위를 통해 지속적으로 구조를 재생산하는 존재로 설정된다. 이에 따르면 모든 문화적 구조와 그 구성 요소에는 어떤 공통의 선先의식적인 논리적 질서가 존재한다. 이러한 접근은 인간 행위가 이미 주어진 물적, 그리고 상징적 구조 내에 연계되어 있고, 이 구조는 개인과 집단에 체화되어 있다는 발상에 근거한다. 부르디외는 이러한 구조주의적 접근이 모든 사회를 관통하는 보편적인 도식을 설정하여 문화를 설명함으로써 그 역사적 맥락을 지워 버렸다고 비판한다.

부르디외는 어떤 대상의 의미가 항상 그 대상 자체의 특성이 아닌 구조 내의 관계적 위치에 의해서 상대적으로 규정됨을 강조한다. 그는 레비스트로스가 추상적인 구조를 설정해 놓고 마치 프로크루스테스의 침대처럼 거기에 모든 것을 맞춰 재단해 버린다고 비판하면서, 역사적 구성주의의 관점에 기초해서 다양한 개인적 행위의 실천에 의해 끊임없이 변화하는 구조의 내적 동학을 해명하려고 시도하였다. 부르디외는 우리 몸이 수많은 개별 세포의 끊임없는 재생에 의해 유기체로서 계속 존재할 수 있는 것처럼, 사회구조도 다양한 행위자들의 끊임없는 실천을 통해서 지속적으로 재생산되면서 생성·변화한다고 설명한다.

생활세계와 독사

　부르디외는 구조주의의 비역사성을 해소하기 위해 다시 후설의 현상학을 참고한다. 후설의 현상학은 칸트의 전통적인 관념론적 사유의 성과를 재검토하는 것으로부터 시작한다. 후설이 보기에 대상이 주체와 분리되어 독립적으로 존재한다는 객관주의적 사유의 오류는 칸트에 의해서 이미 오래전에 비판적으로 정리된 문제였다. 칸트의 주관적 관념론이 소위 '코페르니쿠스적 전회'라고 불리는 이유는 주체와 객체의 관계에서 대상에 주어졌던 인식의 중심을 주체로 옮겨 놓은 데 있다. 그에 따르면 우리의 인식은 객관적 대상에 대한 감각적 경험으로부터 생성되는 것도, 이성의 순수한 연역적 추론에 의해서 완성되는 것도 아니다. 우리의 인식은 선험적 오성 능력이 시간과 공간 범주를 매개로 경험적 대상과 만나면서 시작된다.

　칸트에게서 대상은 인식 주체로부터 독립적인 것이 아니

다. 칸트에 따르면, 사람은 본래 가지고 태어난 오성 능력을 통해서 대상을 인식한다. 예컨대, 우리가 적색과 녹색을 구분해서 인식하는 것은 대상 자체의 속성 때문이 아니라, 우리가 본래 적색과 녹색을 구분해서 인식할 수 있는 능력을 가지고 태어났기 때문이다. 만일 인간이 모두 적녹색맹으로 태어난다면, 우리는 적색과 녹색을 구분해서 대상을 인식할 수 없을 것이다. 따라서 적색과 녹색은 대상 자체의 속성이 아니라 우리의 오성 능력에 의해 현상된 대상일 뿐이다.

그러므로 칸트는 경험적 대상이 주체와 별개로 존재한다거나 객관적 진리가 가능하다는 인식론적 객관주의를 벗어나야만 한다고 주장했다. 우리의 인식은 주체의 오성 능력이 시간과 공간의 범주를 매개로 대상에 대한 경험적 감성과 만남으로써 시작된다. 그러므로 우리의 인식은 대상에 대한 주체의 수동적인 반응이 아니라 능동적인 구성에 의해 생성되는 것이다. 대상적 현실은 우리와 별도로 떨어져 객관적으로 존재하는 어떤 것이 아니라 주관적으로 구성된 현상이라는 것이다.

후설은 자명성을 전제하는 "나는 생각한다, 그러므로 나는 존재한다"라는 데카르트의 명제에 대해 의문을 제기한다. 후설이 보기에 '사유하기 때문에 존재한다'라는 명제는 객관주의적 관점을 벗어나지 못하고 있다. 그가 보기에 데카르트는 '무엇에 대한 사유냐'라는 질문을 남기고 있다. 사유는 항상 어떤 것에 대한 주체의 지향이며, 이러한 지향성은 사유의 선험적 측면과 대상적 측면을 결합시킴으로써 현상(대상)을 생성한다. 그런 점에서 사유는 항상 어떤 대상을 지향하는 것이며, 생각한다는 것은 주체에 의한 대상의 구성 과정이다.

이와 같이 후설은 특정한 실재를 상정하고 현상을 그것에 환원시키려는 객관주의적 접근을 비판했다. 후설이 보기에 어떤 실재를 전제하고 현상을 그에 맞추려는 태도는 미리 주어진 선입견을 통해서 현상을 설명하려는 오염된 태도다. 이러한 접근은 미리 설정된 이론을 제대로 해명하지 못한 채 빈 곳으로 남겨 놓게 된다. 그러므로 객관주의의 오류를 극복하기 위해서는 모든 이론적 선입견이 배제된 상태에서 주어지는 순수한 현상만을 다루어야 한다. 현상학은 오염된 선입견을 배제하고 주어지는 순수한 의식의 흐름을 다룸으로써 엄격한 학문의 기초를 제공할 수 있다고 주장한다.

　후설은 오염되지 않은 순수 의식의 흐름을 해명하기 위해서 경험적으로 얻어진 모든 주관적 의견, 상식, 지식 등은 괄호 안에 묶어 두고 판단을 중지할 것을 제안했다. 이와 같은 '판단중지'와 '괄호치기'는 실재에 대해 미리 상정된 어떠한 판단이나 입장도 허용하지 않으려는 현상학의 엄중한 태도를 보여 준다. 이는 현상학이 실재의 존재를 부정하거나 의심한다는 것을 의미하지 않는다. 오히려 실재의 존재를 부정하는 것은 선입견을 배제하지 못한 '자연적 태도'라 할 수 있다. 현상학은 세계의 존재에 대한 어떤 판단도 중지하고, 단지 세계가 현상으로서 나에게 주어진다는 사실만을 인정한다. 현상학은 판단중지와 괄호치기를 통해서 순수 사유의 본질적 요소만을 직관하려고 시도한다

　그러나 선입견을 배제하는 현상학적 환원을 통하여 현상학의 학문적 기초를 정초하려던 후설의 노력은 사실상 불가능한 것이었다. 현상학적 환원을 통해서 도달하는 순수 사유의 본질적인 요소는 어떤 의견, 상식, 지식이 아니라 오직 주체의 주관적 직관에 근거하여 발견될 수 있을 뿐이다. 하지만 이러한 직관 개념은 다른 의견과 지식을 가진 여타의 사람들에게

순수 사유 과정을 해명하는 설득력 있는 논거를 제공하지 못했다. 결국 순수 사유의 선험적 기초를 찾으려 했던 후설의 현상학은 불분명한 주체의 주관적 직관 개념에 의존하는 한계에 직면했다.

후설이 찾고자 했던 선험적 주관성은 순수 사유의 기초가 되어야만 한다. 그러나 마르틴 하이데거Martin Heidegger(1889-1976)의 주장처럼, 후설이 제시하는 선험적 주관성은 칸트의 선험철학을 현상학의 이름으로 부활시켰을 뿐이었다. 오히려 우리의 사유는 어떤 선험적 능력이 아니라, 하이데거의 주장대로 의미의 세계 속에서 '세계 내적 존재'로 살아가는 주체의 실천적 의식일 뿐이다. 그런 점에서 순수 사유의 기초는 후설이 찾으려 했던 어떤 선험적 주관성이 아니라 우리가 실제로 발을 딛고 하루하루의 실천 속에서 대상을 지향하며 살아가는 생활세계라 할 수 있다. 결국 후설의 현상학은 애초 의도했던 선험적 주관성의 기초를 찾는 데는 실패했지만, '생활세계'라는 개념을 발굴함으로써 부르디외에게 중요한 이론적 아이디어를 제공하였다.

생활세계의 사람들은 지금까지의 경험에 의해 오염된 자연적 태도에 기초해서 살아간다. 부르디외는 사람들이 일상의 실천 속에서 체화되어 당연하게 여기고 더 이상 질문을 던지지 않는 그 어떤 것을 독사Doxa라는 개념으로 포착한다. 독사는 삶의 경험 속에서 형성된 것이지만 시간이 흐르면서 아비투스로 체화되어 더 이상 의식하지 못하는 어떤 선험적인 속성을 가진 것으로 변화된 자연적 의식이다. 예컨대, 이슬람 문화권의 사람들은 신의 존재에 대해서 의문을 던지지 않으며, 유교 문화권 사람들은 부모에 대한 효를 당연하게 받아들인다. 이처럼 우리의 일상적 실천은 이러한 자연스런 태도에 기초하는데, 부르디외는 이를 아비투스 개념으로 포착한다.

부르디외는 알제리의 원주민 아이들이 항상 집단을 매개로 해서 세상을 접하며, 시간과 공간의 관념뿐만 아니라 어떤 초자연적인 것에 대한 두려움조차도 일종의 무의식적인 믿음으로 각인한다는 점을 관찰하였다. 일상에서 다양하게 수행되는 집단 공동체의 의례적 실천, 어법, 격언, 담론 등은 그 사회와 결합된 집단적인 열광이나 기대되는 반응, 즉 아비투스를 생성하는 데 기여한다. 그런 점에서 애초에 후설이 말하는 '순수 의식'이란 불가능하며, 세계의 의미에 대한 의식의 주관적

명중은 오직 '사회화를 통해서 체화된 객관적 동의', 즉 아비투스에 기초해서만 통용성과 정당성을 얻을 수 있다.

부르디외는 자연적 태도가 일상적 실천에서 경험하는 전통과 규범을 내화하고 육화함으로써 형성된다고 보았다. 일상의 반복적 경험을 통해 체화된 전통은 시간의 흐름 속에서 그 자체로 자명하고 당연한 것이 되기 때문에 굳이 공공연하게 언급할 필요가 없다. 그것은 스스로 완성되고 논의되지 않기 때문에 암묵적으로 작동하는 의례의 세계를 창출한다. 전통적 관습이라고 수호되는 것들을 예로 들면, 처음에는 절대적으로 우리가 지켜야 할 그 무엇이 아니라 그저 여러 대답 중 하나였을 뿐이었는데, 시간이 지나면서 그 사실이 희석되어 소리 없이 모든 구성원의 생각을 반영한 보편적인 것으로 수용되고, 정당성에 대한 질문에서 벗어나 당연하게 주어진 그 무엇으로 존재하게 된 것이다.

부르디외는 행위자의 실천이 어떤 간접적인 지식보다도 사회세계에 대한 행위자 자신의 직접적인 체험에 기초한다는 사실을 강조한다. 사람들이 일상에서 직접적으로 경험하는 감각과 지식은 구체적인 시간과 공간의 맥락에서 그들의 행위, 상호작용, 태도를 통해서 몸으로 체득된다. 그리고 그렇게 체득된 부분은 시간이 지나면서 행위자의 반복적인 경험을 통해 자연스럽게 체화되어 '무의식적으로' 작동하는 아비투스가 된다.

실천적 무의식

부르디외의 사회학에서 일상적 실천의 문제는 후설과 하이데거 현상학의 시간과 의미 개념을 거쳐, 신체의 지각과 훈육의 문제에 주목했던 모리스 메를로퐁티Maurice Merleau-Ponty(1908-1961)와 미셸 푸코Michel Foucault(1926-1984)에 접속한다.

후설의 현상학이 인간이 어떻게 대상을 현상하는가에 대한 의식의 흐름 과정에 관심을 두었다면, 하이데거는 의식은 항상 경험 속에서 존재와 함께하기에 존재의 의미를 찾아내는 것이야말로 철학의 목적이라고 보았다. 후설의 철학에서 사람은 사유의 주체이며, 우리의 몸은 주체가 지닌 사유 능력의 지휘를 받고 있는 것으로 파악된다. 따라서 그는 인간의 인식과 판단 행위의 가능성을 규정하기 위해 일차적으로 주체의 사유

과정을 탐구하는 데 관심을 둔다. 그러나 하이데거는 인간의 의식이란 존재의 한 측면일 뿐이며, 단순히 의식에 대한 탐구를 통해서 존재의 문제를 모두 설명할 수는 없다고 보았다.

하이데거는 "의식은 대상을 지향하는 동적인 과정"이라는 주장을 수용하여 생활세계 개념을 발전시켰다. 객관주의적 관점에서 일상 세계는 물질적 대상들로 가득 차 있으며, 이러한 대상은 모든 사람에게 동일하게 인식된다. 그러나 하이데거에 따르면 주어진 세계는 객관적인 물리적 세계가 아니라 주체의 관점이나 경험에 따라 다르게 인식되는 '의미의 세계'다.

예컨대, 교실을 둘러보면 의자, 책상, 칠판 등 다양한 물적 도구들이 존재하지만, 그것은 단순히 물질적 요소만으로 구성된 것이 아니다. 교실이라는 공간에는 수업, 교사, 학생 등 교육 공간에서 통용되는 관습과 규범에 기초한 다양한 역할이 수행되는 개념적 의미의 질서가 자리 잡고 있다. 이렇듯 생활세계는 물리적 세계이자 동시에 의미의 세계이다.

근대 계몽주의 사상의 영향으로 세계가 바람직한 방향으로 발전할 것이라고 기대했던 유럽 철학자들에게, 두 차례의 세계대전은 인간의 이성에 대해 근본적인 질문을 다시 던지게 했다. 하이데거가 『존재와 시간』(1927)에서 제기했던 '인간이란 도대체 어떤 존재인가?'라는 근원적인 질문은 전후 실존주의적 철학을 자극하였다. 메를로퐁티와 푸코는 당시 유럽을 지배하던 이러한 지적 흐름의 영향 아래 있었다.

"존재를 의식에 가둬 둘 수 없다"라는 하이데거의 사유는 실존주의 철학의 물길을 터 주는 역할을 하였다. 하이데거는 인간의 자유의지를 중시하는 존재론적 접근을 허용하고, 인간 의식이 미치지 못하는 신체의 문제, 즉 실천적 무의식에 대해 주목했다. 『지각의 현상학』(1945)에서 메를로퐁티가 강조했던 '몸이 더 많은 것을 기억하고 있다'라는 테제는 바로 하이데거의 사유로부터 비롯되었다. 메를로퐁티는 사유의 기능을 수행하는 우리의 두뇌가 제한적이고 한정적이며, 때로는 효과적인 실천을 위한 망각의 기제로 작동한다고 설명한다. 몸의 문제를 특히 강조하는 부르디외의 아비투스 개념은 '생활의 규율성에 기초한 신체'라는 메를로퐁티의 사유에 크게 의존하고 있다.

또한 '몸의 훈육' 개념에 기초해서 신체에 작용하는 권력의 문제를 깊게 분석했던 푸코 역시 학문적 전통을 부르디외와 공유한다. 그는 이전까지 인간의 신체에 직접적으로 가해지던 폭력의 양상이 자본주의 사회에 이르러 은밀하고 미세하게 작동하는 변화에 주목한다. 자본주의 사회에서 '몸'은 곧 노동력이며, 자본주의를 지탱하는 유용한 자산이다. 사회화 과정에서 제도적 훈육을 통해 신체에 가하는 권력의 통제는, 구성원의 몸을 쓸모 있게 만들어 사회질서에 순응하도록 하기 위함이다. 학교, 군대, 공장 같은 곳에서 우리의 신체는 규율에 맞게 훈련되며, 그렇게 훈련된 내용은 무수한 반복을 통해 우리의 신체로 고착되어, 우리가 몸을 사용하는 방식이 된다.

신체에 스며드는 사회질서라는 푸코의 구상은 얼핏 부르디외의 아비투스 개념을 떠오르게 한다. 그러나 부르디외는 몸과 권력의 관계에서 푸코가 상정하는 폭력성과 수동성을 비판한다. 부르디외는 푸코가 사회화의 기제로서의 훈육을 스스로 권력관계에 복종하는 수동적 형식으로 다루고 있다고 지적한다. 부르디외가 보기에 신체는 항상 시간적 흐름과 공간적 맥락에서 행위를 수행하며 외부로부터 주어지는 자극에 대해 능동적으로 반응하는 기제다. 신체는 사회적으로 만들어진 것이며, '몸은 곧 아비투스'라는 부르디외의 발상은 확실히 사회학적이라고 할 수 있다.

현상학적 사유는 부르디외에게 베버 이후 사회학의 중심적 과제였던 행위의 의미에 대한 해석적 이해를 구조주의적 관점에서 가능하게 해 주었다. 생활세계, 의미, 시간의 개념은 그의 장Field, 실천Praxis, 아비투스Habitus 이론을 구축하는 데 중요한 이론적 기초로 활용되었다. 더 나아가 의미의 세계에 대한 현상학적 사유는 마르크스가 언급했던 '이중적 제약', 베버가 관심을 두었던 '상징 차원의 문제제기', 뒤르켐이 강조했던 '계약의 비계약적 요소'에 대한 사회학적 인식을 확장하는 데 기여하였다.

구성된 세계

부르디외는 박사학위 과정에서 과학철학자 조르주 캉길렘의 지도를 받으며 자연스럽게 그의 스승이었던 바슐라르를 접할 수 있었다. 부르디외는 바슐라르의 인식론에 깊이 경도되어 그의 과학철학을 사회과학에 이전하려고 노력하였다.

따라서 부르디외의 사회학에서 나타나는 '인식론적 단절', '대상의 구성', '이론과 실천의 연관성' 등에 관한 개념적 설명은 바슐라르의 과학철학에 크게 빚지고 있다.

바슐라르의 "사람들이 생각하는 세계는 사람들이 살고 있는 세계가 아니다"라는 명제는 부르디외 인식론의 기본적인 동기를 제공한다. 바슐라르의 과학철학은 일종의 지식철학으로, 참과 거짓, 개념과 이론 등이 어떻게 만들어지고 인식되는지에 대한 질문을 던진다. 그 초점은 학문적 실천을 전제하는 학문의 역사적 조건에 대해 질문을 제기하는 것이다.

모든 학문 분과에서 자연과학적인 기법들을 원용하는 실증주의가 만개하던 시기에, 바슐라르는 보편적 과학이라는 개념으로는 더 이상 이 세계가 설명되지 않는다는 파격적인 주장을 펼쳤다. 일반적으로 근대사회의 계몽주의자들은 자연과학의 보편적 법칙성이 발견되면 그것이 축적되고 쌓이면서 설명력이 커지고, 그에 따라서 과학이 발전한다고 믿었다. 그들에게 세계는 점차 바람직한 방향으로 진보하는 발전적인 모습으로 보였다. 바슐라르는 냉정하게 이러한 낙관적인 관점을 부숴 버린다. 그에게 과학의 발전이란, 종교의 개종과도 같은 신념의 변화, 즉 인식론적 단절이 있어야 이루어질 수 있는 것이다.

바슐라르는 과학의 발전이 합리적인 지식의 축적에 의한 것이라고 여겨 온 통념을 깨고, 깊은 인식론적 단절로 인해 기존의 것과 분리되는 시기에 전진한다고 강조한다. 예컨대, 상대성이론의 경우, 고전물리학에서 축적된 이론을 통해서 탄생한 것이 아니라, 오히려 기존 물리학과 단절함으로써 전혀 다른 사유체계를 생성할 수 있었다고 본다. 이렇게 과학의 발전이라는 것도 비연속성과 단절이라는 특징을 가진 것으로, 사회적으로 형성된 사유체계라고 할 수 있다. 그것은 개념화라는 상징적 상쟁을 통해서 사회적으로 구성된 체계인 것이다.

한마디로 바슐라르의 인식론은 '부정의 철학'이다. 그는 모든 것이 상대적이며, 우리가 어떤 특정한 것에 초점을 둔다는 것은 곧 여타의 다른 것은 포기한다는 것을 의미한다고 강조한다. 즉 모든 이론화는 특정 관점과 지향성을 가지고 필요에 따라 구성한 것이고, 여타의 다른 부분은 포기하는 것이다. 학문의 장에는 특정 연구자가 배제하거나 간과한 부분에 대해서 관심을 두고 연구하는 다른 다양한 학자들이 존재한다. 서로 다르게 이론을 구성하는 다수의 학자는 학문의 장에서 서로 경쟁의 관계에 놓여 있다. 따라서 학문적 객관성은 다양한 관점들 사이에서 서로 경쟁하는 이론들이 상쟁하면서 사회적으로 구성된다.

다양한 이론들이 경쟁하는 학문의 세계에 보편적인 진리란 존재하지 않는다. 개별 학자들은 모두 자신의 관점에서 서로 경쟁하기 때문에 절대적인 보편적 진리란 불가능하다. 단지 한쪽을 선택하기 때문에 다른 쪽을 부정함으로써 발생하는 오류만 있을 뿐이다. 학문적 작업은 결코 그러한 본원적 오류를 벗어날 수 없다. 그런데 그러한 오류는 결핍이 아니며, 오히려 생산적인 기능을 한다. 생산적인 학문을 추구하려면 그러한 본원적 오류는 불가피하다.

바슐라르는 우리가 살고 있는 세계는 이론적으로 구성된 것이지 실재가 아니라고 강조했다. 사람들이 인식하는 세계의 모습은 항상 생활세계의 일상적 독사에 얽매여 있다. 그러므로 우리가 세계의 본모습을 포착하기 위해서는 일상의 자연스런 상식을 극복하기 위한 '인식론적 단절'이 필요하다. 그러나 그때그때 실천만으로도 벅차게 삶을 꾸려 가는 생활인들에게 이러한 성찰적 인식은 거의 불가능하다.

부르디외가 바슐라르에게서 얻은 가장 중요한 영감은 인식이 구성적이라는 사실이다. 부르디외는 자연과학자가 현미경을 이용해서 현상적으로 보이지 않는 것들을 들여다보듯이, 사회과학도 정교한 장치를 개발하여 겉으로 관찰되지 않는 부분까지 드러낼 수 있어야 한다고 보았다. 그런 의미에서 그의 아비투스, 장, 자본 등의 개념은 사회학을 수행하는 과학적 인식도구로서 구성적으로 개발되었다고 할 수 있겠다.

자본주의와 계급이론

마르크스는 자신이 마주한 '자본주의'라는 변화된 사회를 설명할 수 있는 새로운 개념 범주를 구성할 필요를 깨닫고, 그간 함께했던 청년헤겔주의자들과 단호히 결별한다. 그는 당시 헤겔의 철학체계에 대한 논쟁에만 몰두하는 독일의 지식인들에 대해 진정한 학자가 아닌 '성경 구절을 해석하면서 먹고사는 성직자'와 같다고 비판했다. 부르디외는 이러한 비판을 당시 『자본론』 독해와 마르크스 이론의 해석에 몰두하던 프랑스 마르크스주의자들에게 똑같이 적용한다. 그에게 중요한 것은 복잡하게 분화된 오늘날 사회의 구조적 변화를 적절하게 포착할 수 있는 새로운 이론을 구성하는 것이었으며, 그것이야말로 당장 시급한 사회학적 작업이었다.

부르디외가 보기에 헤겔이나 마르크스 같은 위대한 사상가는 학문의 도약에 크게 기여하지만, 다른 한편으로 그 발전을 제약하기도 한다. 왜냐하면 그들의 강력한 이론체계는 그것의 세례를 받은 후속 세대들의 사유를 제약하는 강력한 논리적 힘을 가지기 때문이다. 따라서 진정한 학자라면 마르크스가 헤겔의 사유체계를 극복했던 것처럼 변화된 사회를 설명하기 위해 이제 마르크스의 사유체계를 넘어서야만 한다. 따라서 부르디외의 사회학은 마르크스가 처음 던졌던 질문, 즉 자본주의 사회의 계급적 불평등 문제에 대한 사회학적 분석을 제공하고자 했다.

마르크스에 따르면, 사회는 경제적 하부구조와 이데올로기적 상부구조로 구성된다. 여기서 경제적 토대는 생산력과 생산관계를 포괄하는 범주인데, 이는 사람들이 생산하고 소비하면서 먹고사는 삶의 조건 전체를 의미한다. 그에 반해 이데올로기적 상부구조는 정치, 법, 종교, 예술, 학문 등 사회적 의미에 기초해서 상징적으로 구성된 제도적 조건을 포괄한다. 사회변동은 일차적으로 경제적 토대의 변화로부터 추동되는 것이며, 상부구조는 '상대적인 자율성'을 가지고 있기는 하지만 토대의 변화에 의해 영향을 받는다.

마르크스에 의하면, 경제적 토대는 생산력과 생산관계로 구성된다. 여기에서 생산력은 산업혁명과 같이 과학기술의 발전 등에 의해서 추동되며, 그에 따라 생산관계도 변하게 된다. 예컨대, 신분적 관계에 기초했던 봉건적 생산관계가 생산력의 발전을 통해 자본과 임노동이라는 자본주의적 관계로 변화되었던 것처럼, 생산력의 변화는 생산관계의 변화를 이끌고, 이는 이데올로기적 상부구조의 변화를 초래한다. 봉건적 생산관계에서는 신분적 질서(상부구조)가 구축되었던 것처럼, 자본주의 사회의 상부구조는 경제적 토대의 변화에 따라 자유, 평등, 사적소유라는 부르주아지 이데올로기에 기초하여 새롭게 형성된다.

경제적 생산관계는 경제적 분업 관계이다. 봉건사회의 경제적 분업이 신분적 이데올로기에 기초한 생산관계, 소위 '경제외적 강제'에 의한 공동체적 협업 관계라면, 자본주의 사회의 분업은 경제적 강제에 기초한 생산관계라 할 수 있다. 따라서 자본주의적 생산관계는 크게 생산에 필요한 자본을 소유한 부르주아(자본가)와 이들에게 고용되어 노동을 제공하고 임금을 받는 프롤레타리아(노동자)라는 기본 계급으로 범주화된다. 이처럼 마르크스는 자본가와 노동자의 기본적인 계급적 대립을 자본주의의 생산관계와 그에 따른 사회의 불평등 구조를 분석하는 출발점으로 설정한다. 그리고 이러한 출발점은 이후 사회불평등을 연구하는 많은 후속 연구자들에게 오해를 초래하는 원인을 제공했다.

마르크스가 『정치경제학 비판 요강』과 『자본론』 1권(1867)의 서문에서 강조했듯이, 그는 '연구방법'과 '서술방법'을 구분하면서, 전자는 '구체'에서 '추상'으로, 후자는 '추상'에서 '구체'로 진행된다고 설명한다. 이는 사회불평등 분석이 '경제적 계급' 개념에 기초하고 있다는 견해의 오독 가능성을 보여 준다. 『자본론』 전 3권은 추상에서 구체로 서술된 방대한 저술이며, 1권의 내용은 상대적으로 추상 수준이 높은 단계에서 생산과정을 분석한 것이고, 2권은 좀 더 낮은 추상 수준에서 시장 관계를 포함한 일국적 차원의 분석을 제공한다. 3권의 내용은 더 낮은 추상 수준에서 국제 관계를 고려한 자본주의적 분업에 대해서 논하고 있다.

주지하듯이, 마르크스는 『자본론』 3권(1894)의 말미에서 '사회계급'을 언급하다가 마무리를 짓지 못했다. 그는 『자본론』 1권에서 자신이 다루고 있는 '자본가'와 '노동자' 범주는 경제적 관계를 의인화한 일종의 '캐릭터마스크Charaktermasken'로서 이해되어야만 한다고 분명하게 언급한다. 그런 점에서 미완으로 남겨진 『자본론』 3권의 '사회계급soziale Klassen' 개념은 좀 더 구체적인 수준에서 여타의 부가적 요소들을 포함하는 더 포괄적인 범주로 다루어져야 함을 시사한다.

마르크스는 『루이 나폴레옹의 브뤼메르 18일』(1852)에서 보여 주듯이, 의식이 존재에 영향을 미친다는 점을 부정하지 않는다. 그는 전통이나 규범 같은 문화적 영향을 경시하지 않으며, '상부구조의 상대적 자율성'을 비중 있게 다루었다. 그의 『자본론』은 단순히 자본주의의 토대 분석에 그치는 것이 아니라, 더 나아가 '자유', '평등', '사적소유'라는 부르주아지 이데올로기가 어떻게 생성되는지를 해명하고 있다. 그것은 경제적 토대의 변화가 새로운 이데올로기적 상부구조를 생성하는 것처럼, 먹고사는 방식이 달라지면서 어떻게 존재의 의식이 변하는가를 보여 준다.

마르크스의 자본주의 이론은 경제적 토대에 대한 분석뿐만 아니라, 자본주의의 정신이 어떻게 객관적 의식으로 받아들여지고 우리의 일상적 의식이 되었는지에 대해서도 설명한다. 그는 상부구조의 상대적 자율성을 지적하면서, 전통과 문화의 유산에 따라 사회의 변동은 상이한 방향으로 전개될 수 있음을 언급한다. 초기 저작에서 그는 물적 조건과 의식의 관계에 대해서 '돈이 없으면 여행의 욕구조차도 없다'는 '이중적 제약'의 명제를 제시한다. 오랫동안 주어진 물적 조건에 적응하면서 생활하다 보면, 의식만이 아니라 몸 자체가 그에 적합한 성향의 신체를 가지게 된다는 것이다. 이러한 테제는 부르디외가 아비투스 개념을 이론화하는 데 기여하였다.

1950-60년대에 마르크스주의에 강한 영향을 받은 서구의 지성은 두 부류로 나눠 볼 수 있다. 한쪽은 사르트르와 같은 행위론자들이고, 또 다른 한쪽은 알튀세르와 같은 구조주의

자들이다. 전자는 사회를 자유의지를 가진 인간의 실천에 의해 변동하는 것으로 보았던 반면, 후자는 생산양식의 발전에 따른 사회의 구조적 변동에 의해서 역사가 진보해 나간다는 입장을 견지했다. 부르디외도 자신의 이론체계를 구축하는 데 있어 마르크스의 유산으로부터 큰 도움을 받았지만, 당시 지배적인 지적 흐름을 주도했던 두 부류의 마르크스주의에 대해서는 일정하게 거리를 두었다. 부르디외가 비판하고자 했던 논점은 마르크스의 이론 그 자체가 아니라 그 이론을 둘러싸고 벌어지는 상징투쟁의 행태라고 할 수 있다. 근대사회의 구성과 변화에 대해 설명한 마르크스의 기본 설계도가 현대사회 이론을 정립하는 데 매우 결정적인 기여를 했다는 점을 부르디외는 부인하지 않는다.

사회학에서 계급 개념은 사회불평등 연구의 핵심적인 이론적 자원이다. 그런데 이 용어는 그 개념에 대한 해석의 차이로 인해 빈번하게 이론적 논쟁을 초래해 왔다. 이러한 논쟁의 출발은 마르크스의 계급 개념에 대한 베버의 비판적 지적으로부터 시작된다. 베버는 『경제와 사회』(1922)에서 마르크스의 계급 개념이 단지 '경제적 계급'을 의미할 뿐이며, 이에 명예,

위신, 권력 등 상징 차원의 불평등 요소를 추가해야 한다고 지적했다. 부르디외의 계급이론에 대한 숙고는 바로 이 지점에서 시작된다. 그는 마르크스와 베버의 견해는 결코 대립적인 것이 아니며, 후자의 응답을 통해 전자가 제기했던 질문에 대한 해답을 찾을 수 있다고 보았다. 부르디외는 마르크스의 전통적인 계급 개념에 베버의 신분적 요소를 수렴함으로써 자신의 계급재생산이론을 새롭게 구축했다.

3

아비투스와 구별짓기

부르디외는 인간의 자유의지와 사회구조라는 전통적인 이항대립을 극복하기 위해서 이를 이론적으로 매개할 수 있는 실천이론Praxeologie을 제안한다. 이 야심찬 실천이론의 중심에 바로 아비투스 개념이 있다. 부르디외는 아비투스 개념에 기초해서 외적인 객관적 구조(사회)와 내적인 주관적 성향(몸) 사이의 상호 관계를 설명함으로써, 구조의 제약 속에 있는 사람들이 어떻게 사회에 관여할 수 있는지 해명한다. 부르디외에게 아비투스는 일차적으로 '구조'와 '행위'의 이항대립을 극복하고, 이 둘을 연계할 수 있는 사회이론을 구축하기 위해 만든 전략적 개념이다.

나는 어떻게 내가 되었나

부르디외는 '아비투스habitus'를 사회적으로 형성된 인식, 행위, 성향의 체계를 지칭하는 개념으로 이론화했다. 아비투스는 사회적 전통이나 관습, 그리고 개인적인 삶의 경험을 통해 체화된 것으로, 우리가 생각하고 평가하고 행동하는 원리이자 세계에 대응하는 방식으로 이해된다. 한마디로, 그 사람을 그 사람이게 만드는 사회적 DNA라 할 수 있다. 어떤 사람이 왜 그렇게 인지하고 판단하는지 뚜렷하게 이유를 설명하기는 어렵지만, 어쨌든 그 사람은 그렇게 판단하고 행동한다. 여기서 그 사람이 그렇게 생각하고 행동하도록 하는 원리가 바로 아비투스다.

아비투스 개념은 장, 자본, 생활양식 등과 같은 부르디외의 다른 중요한 용어들과 마찬가지로, 학문적 필요에 의해 책상 위에서 구성된 개념이 아니다. 다른 개념들이 그렇듯, 아비투스 개념도 부르디외 자신이 처음 경험적 조사연구를 수행하면서 느낀 실천적 필요성에 의해 개발했다. 사전적으로 아비투스는 체질, 습성, 성향이라는 뜻을 지니고 있는데, 부르디외 이후 발상, 가치관, 행실, 습관, 생활방식 등을 포괄하는, 의식적·무의식적으로 개인에게 체화된 성향을 일컫는 이론적 개념으로 수용되었다.

여기서 주의할 것은 아비투스를 개인적인 인성이나 태도 그 자체를 지칭하는 것으로 오인해서는 안 된다는 것이다. 아비투스는 개인의 주관적 사고, 인성, 의식을 제한하는 집단적 성향, 즉 집단적 무의식이라 정의할 수 있다. 다양한 사회적 장에서 조응하는 실천형식을 생산하고, 그에 따라 집단적으로 구별되는 생활양식을 생성시키는 내적 기제로 이해될 때, 아비투스는 맥락적으로 이해될 수 있다. 아비투스는 부르디외가 계급과 불평등을 해명하기 위해 재정의한 개념이기 때문에, 그 배경에 대한 이해가 없으면 오해할 수 있다.

물론 아비투스라는 용어를 부르디외가 처음 사용한 것은 아니다. 아비투스는 각자의 연구 관심에 따라 상이한 강조점을 지니고 있지만, 헤겔, 후설, 베버, 뒤르켐, 모스를 거치며, 대체로 사회적 행위자의 성향체계이자 실천적 인식의 발생 기제로 언급되어 왔다. 다만 부르디외에 이르러 주관적 실천을 통해서 객관적 구조의 재생산을 가능하게 해 주는 이중적 과정을 매개하는 기제로서 본격적으로 체계화되었다.

사회구조는 사람들의 행위를 통해서 재생산됨으로써 유지되고 변화된다. 사람들의 행위가 없으면 사회도 없고 구조의 재생산도 없다. 사람들이 일상적 삶을 살아가는 과정을 통해 사회는 재생산되는 것이다. 그런데 이들의 일상적 행위를 보면, 대부분 성찰적인 행위가 아니라 무의식적인 행위로, 그간해 왔던 대로 행위를 수행하는 경향이 있다. 이러한 행위는 그냥 형성된 특성이 아니라 사람들이 사회적 삶의 조건이나 규범 같은 것에 적응하면서 체화된 것이라 할 수 있다. 부르디외는 이렇게 사람들의 의식적·무의식적 행위에 의해서 사회구조가 재생산되는 과정을 '구조-아비투스-실천'의 삼분도식으로 설명한다. 객관적 구조는 사람들의 주관적 실천을 통해서 재생산되는데, 이 과정을 매개하는 기제가 바로 아비투스라는 것이다.

아비투스는 사회의 구조적 제약에 적응하면서 사회화된 신체적 성향이다. 따라서 아비투스는 무의식적으로 사회구조를 재생산할 뿐만 아니라, 새롭게 변화된 생활 조건에 적응하면서 체화된 성향으로 인해 교정이 일어날 수 있다. 그런 의미에서 기존의 구조주의가 개인을 넘어서는, 또는 개인을 압도하는 객관적인 구조만을 구조로 상정했다면, 부르디외는 개인 내면에 구조화되어 있는 구조, 즉 아비투스 개념을 도입함으로써 실천을 통한 구조의 재생산과 변화 가능성을 동시에 허용하고 있다.

아비투스 이론은 어떻게 사회적 실천이 생성 또는 촉발되는 가에 대한 구성주의적 문제제기를 포함한다. 이는 어떻게 행위자가 자신이 수행하는 사회적 실천을 인지하고, 경험하며, 체화하는가에 대한 문제이다. 그런 점에서 아비투스 이론은 사회세계에 관한 실천적 이론이라고 할 수 있다. 다만, 여기서 실천은 사르트르가 말한 주체로서 의지를 지니고 사회변혁을 꾀하는 프락시스praxis가 아니라, 일상생활을 하면서 의식적·무의식적으로 행하는 모든 실천적 행위practice를 포괄한다.

부르디외가 말하는 아비투스로서 개인의 취향이나 습성은 칸트가 말한 것처럼 선험적으로 주어진 것이 아니라 '선先경험적'이다. 여기서 선경험적이라는 의미는 이미 신체화되어 무의식적으로 반응함을 뜻한다. 칸트의 '선험성'과 달리 선천적으로 타고난 것은 아니지만, 자신이 살아가는 사회의 제도나 규범에 의해, 그리고 무의식적 학습에 의해 자연스럽게 몸에 밴 것들이 별다른 의문 없이 사고하고 행위하는 원리로 작동한다는 것이다. 아비투스는 특정 사회와 특정 가정에 태어남으로 인해 갖게 된 습성이기에, 개인적이면서도 사회적인 것이다.

나이 많은 사람에게 존댓말을 쓰고 어른을 만나면 먼저 고개 숙여 인사하는 것과 같은 행위는 한국 사회에서 자란 사람에게는 왜 그래야 하는지에 대한 질문이 필요 없이 몸에 밴 습성이다. 이러한 습성은 태어나면서부터 주어진 도덕관에 의한 것이 아니라 내가 속한 사회의 오래된 전통에 의한 것이다. 다른 문화권에서 태어났다면 그렇게 행동하지 않았을 것이다. 어려서부터 자연스럽게 익힌 이러한 습성들은 일정 시간이 지나면 너무 당연해서 더 이상 생각할 필요도 없이 자연스럽게 몸이 반응하게 한다. 이런 것이 체화된 내면의 구조다. 이렇게 구조화된 것이 몸틀이 되어서 우리는 일상적인 생활에 대응해 나간다.

아비투스가 도식이 되어 버렸다는 것은 그 사람의 본성과 다를 바 없이 체화되었다는 것이다. 그 사람의 아비투스가 곧 그 사람이라고 하는 이유다. 그런데 부르디외는 아비투스를 그 사람의 본성으로 다루는 것을 경계한다. 사회적으로 만들어진 것을 타고난 본성으로 여기게 되면 이를 숙명론적으로 받아들일 수밖에 없게 되는데, 이는 지배계급들이 흔히 쓰는 이데올로기 전략이다. 부르디외는 오히려 사람의 본능이나 본성이라고 여겨지는 것들이 사회적으로 형성되었다는 것을 밝혀냄으로써, 어쩔 수 없다는 식의 숙명론으로부터 벗어나게 하는 것이 학문의 소명이라고 강조한다.

구조화된, 구조화하는

생활세계에서 당연한 것으로 전제되어 자연스럽게 그렇게 행동하도록 하는 원리인 아비투스는 '실천형식과 태도의 생성 원리이자 구조화의 원리'로 정의된다. 아비투스는 사회화를 통해 만들어진 구조화된 성향이다. 그러다 보니 어떤 학자들은 아비투스 이론이 가정하는, 과거로부터 구조화된 것이 우리의 현재 행위를 결정한다는 주장을 구조결정론적 관점이라고 비판한다. 즉 그들의 비판은 아비투스 이론이 개인의 실천적인 측면을 간과한 것 아니냐는 것이다. 개인이 결코 사회적 제약으로부터 자유로운 존재는 아니지만, 그러한 제약으로부터 벗어나 새로운 변화를 꾀하며 그것을 이끌어 내기도 한다는 점은 어떻게 해명할 것인가?

우리의 생각과 행동을 이끌어 내는 원리로서 아비투스는 우리에게 이미 체화되어서 무의식적으로 당연하게 받아들이는 부분과 의도성을 가지는 부분들이 뒤섞여 있다. 그런데 그 의도성조차도 우리가 살아가면서 체득한 상식과 합리적 판단이라고 믿는 것에 근거한 것이기 때문에 무엇에도 구애됨 없는 자유로운 주관이라고 하기는 어렵다. 이렇게 아비투스는 우리의 몸에 체화되어 우리의 인식, 사고, 행위의 원리로 작동한다.

기존 구조주의자들의 관점에서 보면 구조란 구조화되었기 때문에 쉽게 변하지 않으며, 개별 행위자로부터 독립적으로 존속하면서 그들의 행위를 제약한다. 그러나 아비투스는 개인에게 내화된 구조이며, 행위자로부터 독립적으로 존재할 수 없는 체화된 행위 패턴이라고 볼 수 있다. 그런 의미에서 아비투스는 '구조화하는 구조에 영향을 미칠 수 있는 구조화된 구조'라고 할 수 있다. 즉 구조화된 것이지만 조금씩 구조화해 가는 것이라는 의미다. 구조화된 것은 '무의식', 즉 당연한 것으로 여기는 부분이고, 구조화하는 것은 '의식'의 부분이다.

우리나라를 비롯해 소위 유교권 문화에 속하는 사회에서
는 장유유서라는 규범이 강하게 작동한다. 그래서 우리는 버
스나 지하철에서 노인에게 자리를 양보하는 것을 당연한 도
리로 여긴다. 내 몸이 피곤하다고 외면하면 마음이 불편해서
견디기 어렵다. 마음이 불편하다는 것은 주위의 시선에서 오
는 압박감도 있지만, 이것이 올바른 행동이 아니라고 스스로
느끼기 때문이다. 이러한 불편한 느낌은 사람의 성향에서 나
오는 것이지 성찰적 의식에 의해서 생성되는 것이 아니다. 어
떤 신념이나 사상이 집합의식으로 일단 정립되면, 그것은 사
람들에게 의심의 여지 없이 받아들여지고 지속적인 영향력을
갖게 된다. 구조는 이렇게 개인의 의사와 무관하게 외적 강제
력을 갖는다.

뒤르켐이 강조했던 것처럼, 사회구조의 외적 강제성은 처벌
에 의한 강제성이라기보다는 내화되고 순응되어 스스로 따르
게 되는 무의식적 강제성이다. 우리가 법을 지키는 것은 법적
처벌의 위협보다는 법의 정당성을 통용시키는 관습, 규범, 도
덕 같은 우리에게 내화된 집합의식 때문이다. 뒤르켐은 이를
'계약의 비계약적 요소'라고 표현한다. 사회의 법률체계에서

형법이 만들어지려면, 강력하게 정의된 집합의식의 존재, 즉 사회성원들이 공통적으로 공유하는 신념과 감정의 존재가 반드시 전제되어야 한다. 집합의식은 정신적인 산물이기는 하지만, 규범적 구조로서 우리를 강제하며 실재한다.

우리는 구조적 강제를 외적인 제약으로 의식하면서 행동하는 것이 아니라, 그에 동조하여 행위함으로써 구조를 유지하는 데 기여한다. 나라에 충성하고 부모에 효도하며 분수에 맞게 살아야 한다는 가치관은 우리에게 강제되는 외적인 힘이지만, 한편으로는 그러한 가치관을 체화한 우리들의 실천에 의해서 전통으로 유지된다. 구조는 단순하게 존재하는 것이 아니고 이런 일상적 실천을 통해서 계속 재생산되면서 존속한다. 달리 표현하면, 체화된 구조인 아비투스는 다양한 실제 상황에 무의식적으로 반응하면서 구조를 재생산한다.

그러나 다른 한편으로 구조는 우리의 행위에 의해서 단순히 재생산되는 것이 아니다. 왜냐하면, 우리는 생활하면서 직면하게 되는 낯선 상황들에 적응하기 위해 새로운 요소들을 고려해야 하기 때문이다. 지금까지 가져 왔던 체화된 아비투스가 적절한 해법을 못 찾을 때는 나의 아비투스도 변할 수 있는 것이다. 아비투스는 이렇게 고정되지 않고 새롭게 적응하면서 계속 실천된다.

사회는 우리의 실천에 의해서 계속 재생되는 것이지 그냥 있는 것이 아니다. 그래서 아비투스는 구조화된 것이지만 구조화하는 것이다. 구조는 개인의 실천적 성향을 형성시키고, 성향은 일상적 활동을 통해서 구조를 재생산한다. 그런 점에서 아비투스 이론은 행위의 원리를 행위자의 자유로운 선택과 합리적 결정에서 찾는 자원적 행위이론과는 차이를 보인다. 부르디외가 보기에 인간은 스스로 선택한 자유의지에 따라 행위하는 주체가 아니라, 사회적으로 형성된 신체적 성향을 가진 행위자다. 사회적 행위자는 자신의 실천과 그것에 대한 자신의 사유에 체계적으로 구조화된 구성적 성향, 즉 구조화되고 구조화하는 아비투스를 가진다.

부르디외는 구조화되고 구조화하는 아비투스의 이중적 특성을 현상학의 성과를 수용함으로써 해결한다. 그는 현상학적 사유가 제공하는 '지향성을 가진 주체의 능동적인 자유의지'를 받아들임으로써 구조화된 아비투스가 구조를 변화시키면서 재생산하는 측면을 설명한다. 부르디외는 이를 우리 언어가 유한한 기본 규칙들에 근거해서 무한하게 다양한 표현들을 생성해 낼 수 있는 원리와 유사하다고 강조한다.

우리는 한국어로 무수히 다양한 표현을 자유롭게 할 수 있다. 그런데 아무리 표현을 다양하게 해도 소통이 가능한 것은 어디까지나 한국어 문법 또는 어법을 따르고 있기 때문이다. 우리는 언어를 사용할 때 문법을 전혀 고려하지 않지만, 언어의 규칙이 이미 체화되어 있기 때문에 의식할 필요도 없고 의식하지도 못하는 것이다. 반면 외국어를 배울 때는 어순이나 어법에 맞는지 자꾸 의식하게 된다. 여기서 문법이나 어법과 같은 기본 규칙은 구조이고, 다양한 표현은 인간의 실천이라고 할 수 있다. 언어의 규칙이 시간이 지나면서 사람들이 사용하는 방식에 맞춰 변화하는 것처럼, 사회도 사람들의 실천에 따라 변화한다. 부르디외는 아비투스 이론이 구조결정론이라는 흔히 제기되는 비판에 대해서 언어학에서 제공하는 생성문법론의 성과를 끌어들여 그 구조화하는 측면을 설명한다.

부르디외에 따르면, 문법을 만드는 것이 규칙 그 자체가 아니라 규칙을 생성하는 주체의 생산 활동인 것처럼, 구조를 만드는 것도 구조를 재생산하는 개인의 실천이다. 부르디외는 사람들의 실천이 자발적이고 의도적인 판단과 행위의 결과라기보다는 아비투스에 의한 것이라고 간주함에도 사회화의 산물인 아비투스가 역으로 개인과 집단의 실천형식을 생성한다는 점을 분명히 한다. 구조화된 아비투스는 구조화하려는 아비투스에 의해 자극받고 깨어진다는 점을 통해 사람들의 실천이 변화를 불러온다는 점을 해명한 것이다.

인지, 사고, 실천의 원리

아비투스는 유사하게 행동하는 경향성이다. 아비투스에는 이전의 행위 방식이 저장되어 있고 그것은 유사한 상황에서 소환된다. 아비투스는 학습하거나 시행착오를 거치며 습득한 것을 다시 그렇게 행위하도록 만든다. 이러한 행위는 계속된 반복을 통해서 패턴이 각인되고 아비투스화된다. 익숙해지고 습관화되면서 내적 구조로 구축되는 것이다. 결국 아비투스 이론은 사람들이 구조적 제한을 받으면서도 무제한의 행위를 만들어 내는 메커니즘을 해명해 준다. 그것은 구조의 제약 속에서 인간의 행위가 어떤 자율성을 가질 수 있는지를 보여 준다.

부르디외의 아비투스에 대한 발상은 알제리에서, 사실은 그 이전에 고향 베아른에서부터 시작되었다. 식민지 또는 변방 에 침투한 자본주의의 강력한 위세에도 불구하고 아직 자본 주의 아비투스를 체화하지 못한 농부들은 여전히 농경사회의 시간관념에 따른 순환적 경제관념과, 이익 추구를 감추는 명 예의 논리에 따른 비효율적인 행위 패턴을 유지했다. 부르디 외는 이러한 카빌리 사람들의 모습에서 경제 구조와 같은 사 회적 토대에 의해서만 인간의 삶이 규정되는 것이 아니라, 이 미 체화되어 있는 삶의 습성에 따라 새로운 토대를 수용하는 방식도 달라질 수 있다는 점을 발견했다.

부르디외에 따르면, 일상적인 사람들의 행위의 상당 부분은 자동적 또는 무의식적으로 이루어진다. 실천을 촉진하는 원 리로서 아비투스는 선천적으로 타고난 것이 아니라 개인적, 그리고 집단적 경험에 기초하며, 사회적·역사적으로 조건 지 어진다. 아비투스는 모든 유기체에 침전되어 이전 경험의 현 재화를 보장한다. 부르디외는 인지, 사고, 행위라는 세 가지도식 형태로 아비투스를 설명한다. 우선, 아비투스는 사회세계의 일상적 인식을 구조화하는 인지도식이다. 이는 경험적 실천 과정에서 구조화되어 더 이상 사고되지 않고 무의식적으로 실천을 초래하는 '실천적 인식의 감각적 측면'을 의미한다. 또한 아비투스는 사고도식이다. 이는 행위자들이 일상에서 사회세계를 해석하는 분류의 기준, 사회적 행위를 판단하는 암묵적인 윤리적 규범, 문화적 대상과 실천을 평가하는 미학적 척도를 의미한다. 더불어, 아비투스는 행위도식이다. 따라서 개인적, 그리고 집단적 실천을 야기한다.

실천의 과정에서 인지, 사고, 행위의 도식은 불가분하게 서로 얽혀 있고 함께 작용한다. 칸트가 구분했던 이론(인식), 윤리(실천), 미학(판단)의 영역이 일상적 실천과 그 기저에 있는 발생도식에서 서로 결합되어 있는 것과 같다. 아비투스는 행위의 지향성과 적합한 실천을 생성하는 인지, 사고, 행위의 도식을 마련함으로써 실천적 의미의 기초를 제공한다. 이러한 실천적 의미는 사람들이 사회세계에 적응하는 데 도움을 주는 지향성으로 작용한다.

부르디외에 따르면, 실천을 조직하는 사회적 의미는 모든 명시적인 숙고와 성찰의 저편에서 습관적으로 '본능의 자동적인 확신'으로 기능한다. 즉 사회적 의미는 인간의 신체에 정박해 있고, 신체는 아비투스의 도식을 통해서 형성된다는 것이다. 신체의 태도와 움직임은 물론, 말하는 방법조차 아비투스에 의해서 규정된다. 아비투스 성향은 발달심리학적 관점의 운동도식이자 인간의 존재를 각인하는 방식으로 신체에 정박한다. 신체가 학습한 것은 소유되는 것이 아니라, 체화되어 바로 그 사람 자체가 되어 버린다. 아비투스를 매개로 해서 생성되는 행위는 감정적인 요인까지도 포함한다. 그러므로 아비투스는 인지, 사고, 행위의 도식이 복합적으로 작동하는 성향의 체계로 정의될 수 있다.

소리 없는 교육

부르디외는 아비투스가 어떻게 형성되는지에 대해 충분한 설명을 제공하지 않는다. 교육이나 문화자본을 다룰 때 유아기 및 청소년기의 사회화가 중요하다는 점을 강조할 뿐이다. 그럼에도 어떤 환경에서 태어나고 성장하였는지가 가장 큰 영향을 미치므로 아비투스 형성에서 가장 중요한 것은 가족의 경제자본과 문화자본이라는 점은 분명히 한다.

어린 시절부터 생활 속에서 습득된 것은 쉽게 변하지 않는다. 문화적인 자의성의 원리를 창출하는 체험의 장으로서 가정에서 받는 교육은 그래서 매우 영향력이 크다. 외적 구조의 내화는 기계적인 방식으로 진행되는 것이 아니라, 반복과 주입을 통해서 인식, 평가, 동기, 행위 촉발의 내적 구조로 체화된다. 체화된 구조는 자신이 얻은 유기체 특유의 논리에 따라 체계적으로 영향을 미친다.

예술을 향유하는 능력이나 취향을 뒤늦은 학습으로 획득하는 데는 한계가 있다. 이런 자질은 어려서부터 가정이나 학교에서 무의식적으로 익히게 된다. 학교 교육도 우리가 생각하는 것 이상으로 아비투스 형성에 막대한 영향을 끼친다. 오랜 기간 학교를 다니고 고등교육을 받으면 이러한 미학적 성향을 몸에 익힐 수 있는 시간을 더 확보하게 된다. 그 개인의 능력이나 자질과는 무관하게, 소위 좋은 가문에서 태어나 명문학교에서 교육을 받음으로써 교양 있는 엘리트라는 보증을 받는다.

중요한 것은, 이들이 누리는 고급문화가 절대적 미학의 척도에 따른 것이 아니라, 그들이 받은 교육에서 정의한 정통성에 따라 구성된 미학적 기준에 준한 것일 뿐이라는 점이다. 어려서부터 연주회장이나 미술관 같은 곳에서 부모와 함께 예술을 감상할 기회를 가진 어린이는 성장하면서 그런 공간에서 어색함을 느끼지 않고 자연스럽게 예술 애호가다운 매너를 보여 준다. 이런 공간은 예술을 이해하는 자와 그렇지 못한 자를 나누며, 암묵적인 위계를 만들고 이러한 상황을 지속적으로 강화한다.

가정과 학교에서의 교육은 취향, 말투, 태도뿐만 아니라 식습관, 옷차림, 머리 모양에 이르기까지 삶의 전방위에 걸쳐 총체적으로 영향을 미친다. 품위가 있다거나 세련되었다는 것도 그 사회가 정한 기준이다. 우리가 그 사람의 타고난 성향이라고 믿고 있는 영역도 알고 보면 성장하면서 가정과 학교를 통해 계승받은 문화자본의 결과물이다.

외적인 존재 조건은 '소리 없는 교육'을 통해서 아비투스 성향체계로 각인된다. 그것은 명시적인 교육 목표의 뒤편에서 품행, 태도, 행동에 관한 눈에 보이지 않는 교육적 명령과 경고를 통해서 실현된다. 이를 통해서 처음에는 문화적으로 임의적이었던 것이 자명한 것이 되고, 그 애초의 연원은 잊혀서 자각과 설명이 필요 없는 완전히 '자연스러운 것'이 된다. 결국 아비투스는 사회적으로 생성된 것임에도 불구하고 인간의 '제2의 본성'이 되어 사회적 필연성을 미덕으로 만들고 지배적 질서를 수용하는 '운명에 대한 사랑'으로 나타난다.

아비투스는 경험을 통해서 구조화된 틀이기 때문에 계속되는 사회적 경력은 새로운 환경에 적응하면서 변형된 체험을 추가한다. 이러한 경험은 사회관계의 구조 내에서 점하는 상이한 위치에 따라, 그리고 경제적, 문화적으로 가용한 자원의 소유 여부에 따라 한계가 정해진다. 실천이 그때그때 사용 가능한 경제자본, 문화자본, 사회자본에 의존하는 것처럼, 인식도 소유한 자본과 사회구조 내에서 점하는 위치에 의해서 각인이 된다. 사회세계의 위계에서 '상위'에 있는가, 아니면 '하위'에 있는가, 어떤 사회적 경력을 가지고 있는가, 얼마나 큰 경제자본, 문화자본, 사회자본을 소유하고 있는가 하는 것이 실천적 경험에 영향을 미치고, 그로부터 얻는 기대와 희망은 다시 유의미한 실천에 영향을 미친다.

이처럼 아비투스는 행위자가 일상생활에 적응하면서 얻게 되는 일종의 행위양식이며, 동원할 수 있는 자원과 환경적 조건에 의해서 규정된다. 행위자에게 주어진 물적 및 문화적 존재 조건, 즉 가족의 삶의 조건은 초기 유년기부터 사회화의 실천을 매개로 해서 그의 인지, 사고, 행위의 한계를 규정하기 때문에 원초적 경험이 특히 중요하다. 아비투스는 어디까지나 심리적이거나 개인적인 것이 아니라 사회적인 것이다.

조건화된 자유

아비투스가 신체로 변화된 사회구조이고 실천의 작동도식이라면, 고전적인 결정론의 한계를 벗어나지 못하고 있는 것은 아닌가? 외적 사회구조가 행위자 내부로 이전되어 실천에 영향을 미치는 것이라면, 행위자는 얼마나 실천적 선택의 자유를 가지는가?

우선, 부르디외는 엄밀한 의미에서 실천이 아비투스에 의해서 결정되지는 않는다고 강조한다. 경제적, 문화적, 사회적 조건은 행위자의 아비투스로 내면화되어 가능한 실천과 불가능한 실천의 경계를 구획하지만, 그것이 곧 실천 그 자체를 결정하지는 않는다. 아비투스는 실천 그 자체가 아니라 그것이 가능하거나 불가능한 운신의 공간에 의해서 규정된다.

아비투스가 허용하는 운신의 폭이란 '자유'보다는 실천의 '즉흥성'으로 표현하는 것이 더 적절하다. 운신의 폭은 다양한 형식의 자본들을 처분할 수 있는 기회에 따라 상이하게 그때그때 실천의 변화를 허용한다. 그런 의미에서 운신의 자유는 일종의 '조건화된', '제한된' 자유를 의미한다. 더 나아가 아비투스 개념은 개별적으로 고립된 실천이 아니라 실천의 형식들에 주목한다. 촘스키의 생성문법에서 보이듯이, '생성도식체계'로서의 아비투스는 무수히 닥쳐오는 여러 상황에서 거의 예측 불가능한 다양한 실천을 허용한다. 어떤 상상할 수도 없는 것, 불가능한 것을 자극하거나 충격을 주는 상황에 직면하면, 그 한계 내에서 그 대응은 예측 불가능한 행위로 나타날 수 있다.

부르디외에 의하면, 어떤 사람의 아비투스를 알면 그 사람이 어떤 행동을 방해받고 있는지 직관적으로 알 수 있다. 무엇인가에 엄두를 낼 수 없는 제한적인 상황에 처해 있으면 생각과 욕구도 제한받는다. 연애에 관심 없는 청년이 있다면, 그것은 그가 금욕적이어서 그렇다기보다는 자신이 처한 상황이 연애를 할 형편이 못 되어서 그럴 수 있다. 최근 청년들이 연애나 결혼, 출산을 기피하는 현상이 사회적 문제가 되고 있는데, 젊은 세대의 가치관 변화의 이면에는 그들의 삶을 제약하는 사회적 조건들이 놓여 있다. 치열한 경쟁 속에서 불안정한 삶을 살다 보면 자신도 모르게 생활에 많은 제한을 두게 되는 것이다. 앞 장에서 언급하였듯이, 이것이 마르크스가 말한 돈이 없으면 여행의 욕구조차도 없다는 '이중적 제약'이다. 오랫동안 주어진 경제적 제약에 적응하면서 생활하다 보면 벗어날 수 없는 생각의 한계를 가지게 되고, 그렇게 되면 의식뿐만 아니라 몸 자체가 그에 적합한 성향의 신체를 가지게 된다는 것이다.

아비투스는 개인적인 동시에 집단 내지는 계급적 특성의 실천형식으로 다루어진다. 개인적 아비투스의 실천형식은 객관적 조건의 생성물로서 집단 또는 계급적 특성의 이해관계를 가지며, 집단 또는 계급적으로 공통적인 것이다. 그러나 이는 개인적 행위자에 초점을 둘 때 그 실천형식이나 아비투스가 전적으로 집단적, 또는 계급적 특성의 조건을 통해서 결정된다는 것을 의미하지는 않는다.

실천의 개별적 특성은 아비투스에 내화된 집단 또는 계급적 운신 공간을 개별 행위자가 어떻게 이용하는가에 의존한다. 집단 또는 계급적으로 배분된 자원과 기회를 어떻게 활용하는가에 따라서 상이하게 나타나는 것이다. 각 개인들로 보면 다양한 아비투스를 가지고 있는 듯 보이지만, 그 아비투스는 고립된 개인으로서 실천되는 것이 아니라 어떤 사회적 공간에 위치하고 있는지에 따라 유사한 수행 방식을 취한다.

부르디외는 사회적 집단과 계급 내의 개인적 차이를 규정하는 두 개의 중요한 기준을 제시한다. 하나는 행위자가 자신의 계급구조 내에서 점하는 '특정 위치'이고, 다른 하나는 그 행위자의 '사회적 경력'의 특성이다. 물론 이러한 차이를 통해서 생성되는 개인적 상이성에도 불구하고 사회적 계급을 구성하는 개별 행위자의 아비투스와 실천형식 사이에는 공통적으로 다양한 관계가 형성된다. 그런 점에서 개성이란 개별 행위자가 집단 내지는 계급적으로 처해 있는 물적, 그리고 문화적 조건을 어떻게 특징적으로 다루는가와 관련이 있다.

　성향체계로서 아비투스 개념은 연구자가 어떤 측면을 겨냥하느냐에 따라, 즉 개인적인 지위나 경력의 특징에 초점을 둘 것인가 아니면 집단적 및 계급적 조건을 전면에 내세울 것인가에 따라 분석 수준이 결정된다. 아비투스를 사회적으로 상이하게 분배된 물적·비물적 조건이 체화된 결과로 본다면, 그것은 행위자의 일상적 실천의 구성적 토대가 되는 집단 또는 계급의 인지, 사고, 행위의 도식으로 표현된다. 이때 행위자는 자신의 개인적 이성에 의존하는 주체가 아닌 사회구조 내에서의 자신의 지위와 특정 경력을 통해서 주조된 사회적 행위자로 다루어진다.

　아비투스의 사회적 형성에서 개별 행위에는 일정한 변형이 가능한 운신의 폭이 주어진다. 그러나 이는 행위자가 사회세계에 대해서 어떤 합리적이고 정당한 이유를 성찰하며 행위를 고려한다고 보는 행위론적 지식인주의와는 전혀 다르다. 오히려 행위의 암묵성, 무의식성, 본능성, 즉 일상적 인지와 사고 구조의 비非반성성이 강조된다. 여기서 비반성성이란 자신의 사고나 행위에 의식적으로 주의를 기울이지 않는 것을 말한다. 이러한 무의식적 사고 구조는 사회적 실천의 고유한 논리와 결합되어 오로지 실천적으로 작용할 뿐만 아니라, 사회적으로 조건 지어져서 집단 또는 계급적으로 주조된다.

부르디외의 아비투스 개념은 자유로운 개인들이 실은 많은 제약 속에서 살고 있다는 것을 일깨워 준다. 그러나 사회라는 틀 속에 갇혀 있는 개인들이 구조의 담지자로서만 살아가는 것은 아니라는 점도 분명히 한다. 아비투스 개념은 기계적으로 주관주의와 객관주의 사이의 물리적 중도를 발견하려는 노력이 아니다. 중요한 것은 사회적 조건의 제약으로부터 확보할 수 있는 운신의 폭이 창조적인 실천을 통해서만 확보될 수 있다는 것이다.

무의식과 몸

흔히 무언가를 배운다는 것은 고도로 의식적인 뇌의 활동이라고들 생각한다. 그런데 엄밀히 숙고해 보면, 무엇을 익힌다는 것은 그것을 몸에 각인시키는 작업이다. 우리가 의식하지 못하고 하는 대부분의 행동은 몸이 기억하는 것이다. 자전거를 탈 때 그 작동 원리를 되새기며 한발 한발 동작에 신경

쓴다면, 아마도 앞으로 나아가지 못하고 쓰러질 것이다. 무엇에 익숙해지면 일일이 생각하지 않아도 몸이 자연스럽게 움직인다. 일을 할 때도 힘이 좋은 사람보다는 그 일에 익숙한 사람이 훨씬 일을 잘한다. 건장한 젊은이라도 처음 농사일을 할 때는 서툴고 몸이 힘들어 앓아눕기도 한다. 나이 든 농부가 젊은이보다 기력은 없지만 요령 있게 일을 잘 해낸다. 모든 근육이 농사일에 맞춰져 있기에 몸이 기억하는 대로 무의식적으로 일을 하는 것이다.

일상에서 수행하는 다양한 행위들을 세세한 부분까지 모두 하나하나 생각하면서 생활해야 한다면, 우리는 지나친 번거로움으로 인해 인지의 과부하에 놓이게 된다. 우리는 우리가 일상에서 수행하는 대부분의 행위들이 신체를 통해 거의 자동적으로 제어되어 자연스럽게 움직이기 때문에 살 수 있는 것이다. 익숙하지 않은 일을 하거나 낯선 곳에 갔을 때 힘들고 피곤함을 느끼는 이유는 계속 들어오는 새로운 정보를 고려하면서 대응해야 하기 때문이다.

앞서 언급하였듯이, 부르디외의 아비투스 개념은 후설과 메를로퐁티의 성과에 힘입고 있다. 우리는 신체를 가지고 있는 것이 아니라 우리가 곧 신체이다. 인간으로서 우리는 생활세계 속에서 움직이는 신체다. 아비투스가 생성하는 행위 패턴은 의식보다는 신체에 각인된다. 부르디외가 아비투스를, 메를로퐁티의 표현을 빌려 '몸틀'이라고 표현한 이유가 거기에 있다. 신체는 사회화되며, 사회의 지난 과거가 그 안에 잔존한다. 신체로 학습한 것은 지식처럼 소유되는 것이 아니라 그냥 그 사람 자체가 된다. 그간 행위론자들은 의식적 실천의 측면을 주목해 왔지만, 부르디외는 무의식적인 몸의 작동을 강조한다. 무의식과 몸은 아비투스 개념에서 매우 중요한 핵심이다. 그것은 선경험적인 인지, 평가, 행위의 원리로서, 행위의 의식적인 측면보다는 구조화된 무의식적인 측면에 더 방점을 둔다. 우리의 몸에는 사회구조가 각인되어 있기 때문에 우리는 몸의 실천을 통해 구조를 재생산한다.

아비투스는 행위를 조직화해서 생성되었던 조건을 재생산하도록 하는 경향이 있다. 따라서 한번 구성된 아비투스는 관성을 갖는다. 이에 따라 사람들은 자신들의 아비투스가 생성되던 시기와 유사한 환경을 접하면 편안함을 느끼지만, 그와 상이한 새로운 상황에 직면하면 불편함이 초래되는 인지의 불일치를 해소해야만 한다. 세대 간 갈등을 예로 들어 보자. 노인들은 요즘 젊은이들을 보면 태도나 말투가 거슬리고 무슨 생각을 하는지 알 수 없어서 불쾌한 감정을 느낀다. 역으로 청년들의 입장에서 보면 노인들은 과거의 방식으로 통제하려 드는 구태의연한 잔소리꾼들이다. 노인들의 아비투스가 생성되던 시기의 생활 조건과 청년들의 아비투스가 생성되던 시기의 환경이 다르기 때문에 이들은 동일한 사회에 살면서도 서로 다른 문화를 몸속에 지니고 있다. 당연히 신체에 새겨진 시간의 간극이 클수록 서로 간의 이해는 멀어진다.

아비투스는 살아온 대로 살아가려는 습성을 갖게 한다. 우리는 아주 특별한 경우가 아니면 지금까지 살아왔던 방식을 성찰하거나 반성하지 않는다. 예컨대, 강력한 가부장제 사회에서 가족 구성원들은 가장의 권위를 무조건 존중하고 억울한 처분에도 순종한다. 간혹 가장의 뜻에 이의를 제기하거나 어긋나게 행동하는 가족 구성원이 있다면, 인간의 도리로 그래서는 안 된다고 제지당한다. 가장의 성격이 유별나고 부당한 지시를 서슴지 않는 사람이라 하더라도 그것은 중요하지 않다. 가장의 체면이 서야 가정이 반듯하게 유지된다고 여기기 때문에 정당한 문제제기라도 도리를 벗어난 못된 짓이 된다. 여기서 인간의 도리에 대해 굳이 설명할 필요는 없다. 말하는 사람이나 듣는 사람이나 그 의미를 다 안다. 마땅한 도리라고 여겼던 방식대로 지내면 집안이 잘 돌아가고 모두가 편안하다고 생각한다. 정확히는 그렇게 생각한다기보다는 아무 생각 없이 그렇게 하는 것이다. 자신도 모르는 채 가부장적인 사회의 관습과 규범이 아비투스화되어 거기에 순응하며 살아가는 것이다.

부르디외는 일상적 실천에서의 강제성과 필연성 때문에 계속 그렇게 생활하다 보면 성찰할 수 있는 역량이 약화된다고 설명한다. 무지하거나 현명하지 못해서가 아니라, 주어진 생활의 문제를 하루하루 해결해 나가야 하는 대부분의 사람들의 처지에서는 그럴 수밖에 없다. 무엇을 성찰한다는 것은 당연하다는 생각조차 하지 않을 만큼 자연스럽게 받아들였던 것의 맹점을 발견하는 일이다. 그런데 나도 모르게 나를 옥죄어 온 허점이나 모순을 발견함으로써 그간의 평화가 깨어지고 훨씬 큰 어려움이 초래될 수 있다. 그래서 부르디외는 사회학을 불편한 학문이라고 말하며, 우리가 당연하게 여기거나 의식조차 하지 못했던 은폐된 부분들을 자꾸 들춰내고 세상에 알리려 한다. 그는 그 첫 단계로 아비투스 개념을 통해 사람들이 왜 이렇게 살아가는지 우리가 자각하지 못했던 부분들을 드러내 보인다.

구별되는 일상

아비투스는 사회 공간 내에서의 위치와 긴밀히 연관되어 있기 때문에 각 계급 분파마다 특징적으로 드러나는 성향을 보여 준다. 사람들은 이런 특성을 단지 보유하고 있는 것만이 아니라 그것을 구별함으로써 자신의 정체성을 드러내는데, 이러한 과정에서 각각의 사회적 위치가 드러난다.

주지하듯이, 부르디외의 아비투스 개념이 본격적으로 등장하는 것은 그의 저서 『구별짓기La Distinction』를 통해서다. 이 책의 부제가 '판단력에 대한 사회적 비판Critique sociale du jugement'인 것은 칸트 철학에 대한 사회학적 반기라고 할 수 있다. 부르디외는 칸트의 비역사적, 형식논리적인 철학적 관점을 비판한다. 부르디외가 보기에, 인지와 판단의 기준은 선험적으로 모두가 똑같이 가지고 태어나는 것이 아니라 사회적으로 형성된 것이다. 그렇기에 사람은 똑같지 않다. 생활환경과 경험에 따라 생각도 다르고 생활방식도 다르다. 개인의 아비투스는 경험적 실천 과정에서 감각적으로 받아들인 것들에 의해 형성되기 때문에 동일할 수가 없다. 부르디외는 '아비투스' 개념에 대한 이론적 논증을 통해 인간의 품성, 태도, 취향에 대한 기존의 주관주의적 또는 철학적 관점을 거부하고 사회학적인 새로운 접근법을 보여 준다.

세련됨과 천박함은 절대적인 기준이 있는 게 아니라 사회적으로 규정되는 것이다. 가장 세련된 것으로 인정받고 대중의 동경을 받는 문화적 경향은 그 시기 그 사회의 지배적 취향일 뿐이다. 부르디외가 예술과 문화소비에 대한 연구를 하면서 미학적 관점을 전혀 개입시키지 않은 것은, 칸트의 선험철학에 의해 절대적으로 고매하고 탁월한 것으로 인정되는 정통문화에 대한 성스러운 축성을 부숴 버리려는 의도를 가졌기 때문이다.

부르디외의 『구별짓기』는 1960년대 프랑스 사회의 상징적 실천의 사회적 사용에 대한 다수의 개별 연구들을 모아서 사회구조적으로 분석하고 있다. 음식, 음악, 스포츠, 옷차림, 실내장식에 이르기까지 프랑스 사회의 다양한 집단적 취향을 망라하여 조사·분석한 『구별짓기』의 기본적인 테제는 사람들의 문화적 욕구와 소비취향은 타고나는 것이 아니라 사회화와 사회적 이력을 통해서 얻어진다는 것이다. 미학적 관점이나 취향은 계급의 위계에 상응하며, 교육의 수준과 사회적 출신 배경에 의존한다. 사회적으로 더 인정받는 예술과 덜 인정받는 예술을 소비하는 계층은 뚜렷하게 구분되며, 이는 사회적 위계로 드러난다.

미학적 성향으로서의 아비투스는 실천의 내용보다는 실천 수행의 방식을 규정하는 '작동 방식'으로 설명된다. 주의할 것은, 부르주아계급이 클래식 음악을 즐기고 미술관에 자주 간다는 것이 중요한 것이 아니고, 자녀를 데리고 연주회나 미술관에 가는 행위가 '사회적으로 어떤 의미를 갖는가'가 중요하다는 점이다. 따라서 '부르주아는 바흐의 곡을 즐긴다'라는 것은 논점을 벗어난 의미 없는 정보다. 부르디외의 관심은 그들이 의식하든 그렇지 않든 그러한 행위가 무엇을 지향한 것인가를 밝히고자 하는 데 있다.

부르디외는 헤어 스타일과 같은 아주 사소하고 일상적인 취향을 동원해 사람들 사이의 구별되는 특성을 보여 줌으로써 그 배경이 되는 사회구조의 형체를 드러내려고 한다. 특히 예술과 문화소비는 사람들 사이의 차이를 선명하게 드러내 주며, 취향이 그 사람의 자연스런 본성인 것처럼 착각하게 만듦으로써 그 차이를 정당한 것으로 받아들이게 한다. 그런 점에서 사람들의 미학적 성향은 칸트가 주장하는 것과 달리 타고난 미학적 판단 능력에 의한 것이 아니라 사회적으로 형성된 것이다.

부르디외의 『구별짓기』가 제공한 학문적 성과는 누누이 언급되는 것처럼, 인간의 품성, 태도, 취향이 선험적으로 주어진 것이 아니라 사회적으로 형성된 것이라는 테제를 제기한다는 점 이외에도, 여러 비판에 직면하고 있던 계급이론에 대해 새로운 대안을 제시하고 있다는 데 있다. 부르디외는 이 연구를 통해 그간 사회불평등 연구의 이론적 기초를 제공하던 기존의 계급이론에 대한 일정한 비판과 수정을 통해 매우 의미 있는 이론적 성과를 보여 준다.

종래의 계급이론은 계급을 객관적인 삶의 조건뿐만 아니

라 주관적 의식에 있어서도 차이를 가지는 '동질적인' 집단으로 설정한다. 이에 따라, 객관적인 계급구조뿐만 아니라 주관적인 '계급의식'을 가진 집단을 확인하는 데 노력을 기울여 왔다. 그러나 부르디외는 이러한 기존의 '계급의식 이론'을 비판하면서, 사람들의 성향이 무의식적으로 생성하는 집단적 아비투스의 차이를 경험적으로 조사하여 집단적 생활양식의 차이를 논증한다. 어떤 집단이나 공동체 내의 생활양식이 유사하다면, 그것은 그들의 아비투스가 유사하기 때문이다. 아비투스의 중요한 기능은 일상에서 생활양식의 차이를 드러내는 '구별짓기'이다. 그렇기에 부르디외가 『구별짓기』에서 수행한 1960년대 프랑스인들에 대한 방대한 취향연구는 당시 프랑스 계급구조에 대한 재구성이라고 할 수 있다.

부르디외에 따르면 모든 개인의 삶은 사회적이다. 모든 집단은 사회적으로 인접한 집단과 스스로를 능동적으로 구분하려고 한다. 불가피하게 존재하는 차이는 상징적으로 강화된 차이로 변환되고, 이러한 변별적 특성은 집단 내에서는 항상 긍정적으로 해석되며, 다른 집단, 특히 인접한 타 집단에서는 부정적으로 해석된다. 아비투스는 다른 아비투스와의 차이를 설정하고 부단히 구분한다. 서로 다른 아비투스를 가진 사람들은 서로를 이해하기 어렵다. 그런 이해의 결핍과 갈등의 존재는 해결해야 할 문제가 아니라 사회적 사실이다. 개인과 집단은 서로 자신들의 입장을 내세우면서 자기 아비투스의 정당성을 주장한다. 서로 다른 아비투스를 가진 집단들 간에 충돌이 생기면, 지배계급의 이데올로기가 정통성을 획득한다. 피지배계급은 한편으로 자기 것의 가치를 인정받으려고 함과 더불어 다른 한편으로 지배계급의 문화를 모방하려고 노력한다. 자기들이 가진 것이 하찮은 것은 아니라고 여겨지길 바라면서도 동시에 부르주아처럼 되고 싶어 하는 이중의 역설에 빠지는 것이다.

아비투스는 사람들 사이의 차이를 구체적이고 현실적으로 보여 준다. 따라서 다른 아비투스에 대한 무의식적인 거부감은 생각보다 강력하다. 집단적으로 유사한 삶의 조건은 유사한 집단적 아비투스를 생성한다. 때때로 내가 인정하기 어려운 생활양식을 가진 개인이나 집단에 대한 불편한 느낌과 거부감은 화해하기 어려운 적대감을 불러온다. 은폐된 사회적 관계는 이러한 느낌과 감정을 통해 표출되고, 견고한 구분의 경계를 만든다.

부르디외의 '구별짓기Distinction' 개념은 아비투스에 의해 규정되는 정적인 행위양식을 동적으로 만든다. '구별짓기'는 구별을 통해 상징들의 가치를 의도적으로 구분하고 규정하며, 상징의 평가와 그것을 평가하는 집단 자체를 변화시킨다. 상징들은 구별을 통해 점유되며, 배타적이고 희소화될 수 있다. 사회적 지위가 높으면 높을수록 강하게 구별되고, 그 구별짓기의 이득을 얻게 된다. 그래서 사람들 사이에서는 문화소비의 상징적 규정과 정당성의 독점을 두고 지속적인 경쟁이 일어난다.

4

사회적 분화와 장

오늘날 우리가 살아가는 사회는 복잡하게 분화되어 있어서 하나의 전체로 파악하기 어렵다. 부르디외는 이러한 분화된 사회를 분석하기 위한 수단으로 '장場, field' 개념을 제공한다. 장은 우리가 일상적 삶을 살아가는 실천의 공간이다. 부르디외가 '사회'라는 익숙한 용어를 두고 굳이 '장'이라는 개념을 제시하는 것은, 사람들의 구체적 행위가 이루어지는 실천의 공간을 분석할 필요가 있기 때문이다. 이는 다양하고 복잡하게 분화된 사회를 한 덩어리로 설명할 수 없기 때문에 취하게 되는 중범위 전략이라고 할 수 있다.

사회의 분화와 가치의 제도화

부르디외는 '사회적 장'이라는 아이디어가 베버 사회학의 이론적 성과에 힘입고 있음을 고백한다. 종교의 장에서 생산되고 유통되는 '종교적인 것'을 상징적 가치에 기초한 상품으로 다루었던 베버의 접근 방식은 부르디외가 분화된 사회의 작동 원리를 해명하는 데 중요한 단서를 제공했다. 베버는 전통사회가 근대사회로 발전하면서 종교적 가치가 점차 다양한 가치 영역으로 분화되고 전문화되어 가는 현상에 주목한다. 그는 가치의 분화에 기초해서 상이한 영역으로 제도화하는 근대사회의 특성을 분석했다. 근대사회의 분화되어 가는 각각의 가치 영역들은 독자적인 가치 이념에 기초해서 발전하며, 그에 따라 일정한 분화의 수준에서 전문가 집단이 나타나고, 이들은 개별 장의 가치에 대한 설명을 제공한다.

사회적 장의 경쟁에 참여하는 사람들은 정당성, 상징자본, 권력의 소유를 둘러싼 경쟁에서 경쟁자들을 배제시키려고 한다. 종교의 장의 경우 정통의 위치를 점하고 있는 성직자들과 그 권위에 대항하여 새로운 교리를 선포하는 예언자는 서로 상쟁의 관계에 있다. 성직자들은 지배적 담론을 방어하려는 보수적인 성향을 가지며, 예언자는 정통 견해와 대립되는 새로운 담론을 관철시키려는 성향을 보인다. 따라서 장의 구조는 정통 교의를 지향하는 성향의 행위자 집단과 이단적 견해를 지지하는 혁명적 성향의 행위자 집단의 관계에 의해서 형성된다. 전자는 보편적인 것으로 인정받은 지배적인 교리를 대변하며, 후자는 승인받지 못한 이단적 교리를 주창한다. 상쟁의 과정에서 사람들이 이단적 교리를 수용해서 인정하면, 그것은 새로운 정통의 권위를 획득하게 된다.

여타의 사회적 장들에서도 가치의 특성에 따라 고유한 상쟁의 형식이 다양하게 나타날 수 있지만, 기본적으로 지배집단과 새롭게 패권을 노리는 집단 사이에 대립적 관계가 형성된다. 이는 어떤 상징적 가치를 둘러싸고 경쟁에 참여하려는 사람들이 있다면, 언제나 새로운 사회적 장이 생성될 수 있음을 의미한다. 사회적 장의 생성은 해당 장의 내적 동학으로 규정되며, 장의 범위는 그 장이 기초한 사회적 가치가 사람들의 참여에 영향을 미치는 곳까지라 할 수 있다. 사회적 장의 경계는 그 장에서 통용되는 경쟁과 게임의 규칙이 더 이상 효력을 미치지 못하는 바로 그 지점에 그어진다.

예를 들어, 같은 스포츠의 세계라 하더라도 축구의 장에서 얻은 위상은 야구와 같은 다른 스포츠의 장에서는 통용되지 않는다. 축구선수로서 큰 명성을 얻었고 다른 종목에서도 두각을 나타낼 만한 운동 재능이 있다 하더라도, 극히 예외적인 경우를 제외하고는 다른 종목의 전문선수로 진출하는 것은 거의 불가능하다. 같은 스포츠지만 각각 독자적으로 형성된 장은 서로 다른 세계다. 재능이나 의지와는 무관하게 각 종목에 이미 포진하고 있는 다양한 관련자들의 이해관계와 그들이 정한 규칙에 의해서 장의 구조가 형성된다.

사회적 장은 경쟁에 참여하여 투쟁할 만한 가치가 있다는 참여자들의 기본적인 동의를 전제하기 때문에, 어떤 사회적 장이 작동한다는 것은 게임과 경쟁에 참여하는 행위자들이 관심을 가질 만한 상징적 가치가 있는 무언가가 존재함을 의미한다. 사회적 행위자들은 각각의 장에서 얻게 될 상징적 가치에 대한 기대를 가지고 경쟁에 참여하며, 관련된 장에서 형성된 게임에 대한 집단적 믿음을 재생산하고, 그것을 통해서 게임 자체를 존속시킨다. 소유에 대한 지속적인 관심과 기대가 경제의 장을 형성하듯이, 예술, 학문, 정치, 종교 등의 의미와 가치에 대한 사람들의 믿음과 신뢰가 존속해야만 이와 관련된 장이 작동할 수 있다. 사회적 장은 참여하는 행위자들의 믿음에 의존하며, 그러한 믿음이 존재하는 한 존속할 수 있는 것이다.

장 개념은 현대사회의 복잡하게 분화한 사회구조를 체계적으로 파악할 수 있도록 해 준다. 경제의 장, 종교의 장, 정치의 장, 학문의 장, 패션의 장 등 다양한 사회적 영역은 사람들의 참여 없이는 불가능하지만, 그렇다고 개인적 의미나 목표에 의해서 작동하는 것은 아니다. 특정한 가치 이념을 토대로 한 독자적인 교환 및 게임의 논리가 각각의 장을 지배하며, 사람들은 개별 장의 논리의 틀 내에서 상호작용 하고 전략적으로 움직인다.

게임의 속성

사회적 장은 일종의 게임의 공간이다. 여타의 게임과 마찬가지로 사회적 게임도 그 고유한 규칙에 따르지만, 그것은 규제적인 것이라기보다는 구성적이라고 표현하는 것이 더 적절하다. 사회적 장은 경쟁하는 사람들에게 불평등하게 주어지는 자원과 규칙이라는 강제적 요소가 끊임없이 변하는 역동적인 공간이다. 개별 장은 무엇을 두고 게임을 할 것인지에 대해 규정할 뿐만 아니라, 계속해서 다시 게임을 수행하도록 유인한다.

장의 규칙이 결정적인 것은 그것이 명시적으로 공식화되어 있지 않음에도 실제로 따라야만 한다는 강제성 때문이다. 사람들은 장의 규칙에 따르지 않고서는 장의 게임에 참여할 수 없다. 모든 개별 장에는 특정 형식을 강요하는 고유의 규칙이 존재한다. 그리고 게임을 구성하고 가능한 조건을 명시하는 장의 규칙은 역사적으로 생성되며 변화할 수 있다. 개별 장의 역동성은 해당 장의 분화 정도와 상대적 자율성의 역사적인 상황에 의존한다.

장에 참여한다는 것은 게임의 규칙에 동의한다는 것을 의미한다. 이러한 동의의 이면에는 자신의 이익을 추구하는 행위자들의 관심, 즉 장에서 얻을 수 있는 수익 극대화에 대한 이해관심이 존재한다. 장의 게임에 참여하는 행위자들의 이해관계는 경쟁자들 사이에 대립적인 투쟁을 야기하며, 이는 해당 장에 역동성을 제공한다.

사회적 장에서는 정통 수단의 규정과 경쟁에의 참여라고 하는 이중의 투쟁이 일어난다. 개별 장이 기초하는 가치의 개념화를 두고 발생하는 경쟁은 참여자들의 이해관계를 둘러싼

136

상징투쟁이다. 문학의 장에서 정당성이란 작가라는 칭호를 부여할 수 있는 권위를 의미하며, 작가나 장르에 대한 정의는 정당성 확보를 위한 상징투쟁의 대상이다. 경쟁 관계에 있는 사람들은 문학 개념에 기초해서 서로 자신들이 참된 문학인 이라는 점을 증명하기 위해 노력한다. 문학의 장에서 장르, 작가, 문학 등의 개념은 정의 내리기 투쟁의 산물인 동시에 조건 으로 작용한다.

이해관계가 없는 절대적으로 무관심한 실천이란 존재하지 않는다. 물질적 관심에 대한 부정이 미덕으로 간주되는 장이 라 하더라도, 그것은 항상 특정한 이해관심과 결합되어 있다. 경제적 이익에 무관심한 종교나 예술의 장에도 그 장의 역사 와 결합된 '무관심에 대한 이해관심'이 존재한다. 예를 들어, 예술의 장은 물질적인 상품의 효용성에 관심을 두는 경제의 장과 달리 사회적으로 생성된 '예술을 위한 예술'의 미학적 의 미와 가치에 기초해서 작동한다. 소위 진정한 예술이란 경제 적 효용성에 대한 무관심에 기초하기 때문에 예술의 장에서 상업적 성공이란 곧 세속적인 유행과 대중에 영합하는 것이 며, 오히려 세속적인 경제적 실패가 예술의 원칙에 충실한 '선의지'로 해석될 수도 있다. 물론 성공에 대한 야심이 없는 것은 아니지만, 예술 활동에 대한 사회적 인정은 상업적 이익을 포기함으로써 획득될 수 있다. 이는 모든 특정 장들이 게임의 규칙, 참여, 수익 가능성과 그에 대한 고유한 이해관심에 의해서 생성됨을 의미한다. 이처럼 실천론적 관점에서 보면 모든 사회적 실천형식은 이해관심과 결합되어 있다.

사회적 장에서 참여자가 노리는 투쟁의 대상은 해당 장을 특징짓는 합법적 권력 또는 특정 권위에 대한 독점이다. 이러한 투쟁의 대상은 해당 장에서 처분권으로 기능하는 특정 자본, 장에서 통용되는 게임 규칙의 정당화, 사회적 인정으로부터 나오는 신망과 권력, 행위자가 장에서 점하는 사회적 위치라 할 수 있다. 이는 특정 자본의 분배 구조를 유지하느냐 아니면 전복하느냐와 관련이 있다.

축구의 장을 예로 들어 보자. 축구선수는 오랜 훈련과 경험을 통해 축구의 감각을 익힌다. 그들은 무의식적으로 공을 다룰 수 있을 만큼 몸을 단련하고 각종 전술을 숙지하는 것은 물론, 치열한 경쟁에서 살아남기 위해 가능한 모든 수단을 동원한다. 그러나 시간이 지나면서 아무리 뛰어난 선수라도 체력이 떨어지고 젊은 유망주들의 등장으로 자리를 위협받는다. 게다가 자신이 익혀 온 과거의 방식은 힘을 잃어 가고 새로운 환경에 적응하지 못해 팀 내 입지도 좁아지게 된다. 이런 시기가 오면, 운이 좋다면 그간 쌓은 인맥과 경험을 활용하여 축구 지도자나 해설가가 되거나 협회의 요직을 얻을 수 있겠지만, 여의치 않으면 결국 축구의 장을 떠나야 한다.

이렇듯 사회적 장은 참여자들 사이의 경쟁으로 만들어지는 힘의 장이다. 사람들은 가능한 한 최상의 위치를 점하기 위해 장에서 통용되는 모든 것을 동원해서 경쟁한다. 그들은 장에서 생존하기에 유리한 방식으로 자신의 아비투스를 형성하며, 주어진 자원을 가지고 더 많은 자본을 획득하기 위해 노력함으로써 장의 변화를 야기한다.

사회적 장은 특정한 운신의 공간, 게임의 규칙, 고유한 투입, 즉 자본의 형식에 의해서 정의된다. 또한 장의 공간적 구조는 그때그때 주어진 게임 규칙에서 통용되는 자본의 분배 구조를 통해서 규정된다. 이때 자본은 장의 영역 내에서 처분권의 형식으로 작용한다. 자본을 소유한 행위자는 실천에 영향을 미치는 사회적 관계를 구성하는 요소이며, 장 내에서 유용한 자본을 다량 소유한 행위자 집단을 둘러싸고 권력의 중심이 생성된다.

사회적 장에서 투쟁에 참여하는 행위자들의 실천은 전략적이다. 그러나 이는 결코 의도적으로 이루어지는, 즉 성취 지향적인 주체의 주관적인 계산에 기인한 전략적 행위가 아니다. 그것은 다분히 무의식적인 아비투스에 의한 전략적 실천이기 때문이다. 흔히 합리적 선택이론과 게임이론이 전제하고 있는 합리적 계산이란, 객관적인 장의 구조적 위기 상황이나 주관적인 심리적 위기 현상 때문에 아비투스가 작동되는 데 실패할 때 비로소 나타나는 예외적인 경우일 뿐이다.

사회적 장에서의 전략적 행위는 주관적으로 추구하는 목적이 아니라 해당 장에서 형성된 객관적인 목적을 겨냥한다. 장이 제공하는 목표는 참여하는 사람들의 전략적 실천이 성과를 얻을 가능성을 열어 준다. 이는 사회적 실천형식의 기계적인 규칙성 대신에 실천이 가지는 전략적인 운신의 여지를 전면에 내세운다. 실천의 전략이란 체화된 성향의 산물이며, 규칙적으로 결정되거나 합리적으로 계산되는 것이 아니다.

상징투쟁

베버의 종교사회학에서 성직자, 예언자, 마법사의 관계에 대한 은유적 설명은 사회적 장의 동학을 적절하게 보여 준다. 종교의 장에서 형성되는 이들의 대립적 관계는 종교적 권력의 이용 가능성에 의해서 결정된다. 이들의 위치는 종교적 본질로부터 도출되는 것이 아니라 이들 간의 '상징투쟁'의 결과로서 얻어진다. 모든 사회적 장에는 주류와 비주류, 정통과 이단, 즉 기존 질서를 지키려는 자들과 이를 전복하려는 세력이 대립한다. 이러한 구분은 어떤 객관적인 특징에 기초한 것이 아니라, 헤게모니를 장악한 집단과 그렇지 않은 집단 간의 대결을 통해 정해진다.

종교의 장에서 성직자는 정통의 권위를 확보한 지배적 위치에 있는 주류 집단이다. 반면 그들에 저항하는 집단이 내세우는 이설異說은 인정받지 못하고 이단으로 몰린다. 이단은 정설로 해명이 되지 않는 부분을 이설에 기초해서 주장한다. 이러한 투쟁을 통해 기존 정통의 대안적 세력으로 인정받으면 예언자의 위치에 오를 수 있고, 대안으로 인정받지 못한 집단은 무당과 같은 마법사의 역할로 자신의 영역을 확보한다.

　사회적 장은 중심과 주변의 구조화, 정통과 이단의 대결과 경쟁을 통해서 변화한다. 사회적 장이 지향하는 고유한 가치에 대해 정통의 지배적 논리를 제공하는 전문가 집단이 형성되면, 그것에 도전하는 대항 세력들이 나타나고, 서로 정당성을 둘러싼 경쟁과 투쟁을 벌이면서 장의 구조가 변동한다. 앞선 예시에서처럼, 정통을 자처하는 기존 세력들은 자신들을 비판하면서 새로운 관점의 정당성을 주장하며 나타난 대항 세력들을 이단으로 몰아 탄압한다. 정당성을 둘러싼 싸움에서 밀리면 이단이 되고, 세력을 얻으면 정통의 자리에 오를 수 있다. 장의 구조는 이들 집단이 배치된 관계이며, 그 위치의 변화는 곧 장의 구조변동을 의미한다.

　장은 힘의 장, 즉 권력의 구조다. 사람들은 자신이 참여하는 장에서 기득권을 지키려고 하거나 기득권에 도전하기 위해 경쟁한다. 이러한 과정에서 자신이 가진 것이 그 장에서 통용되는 중요 자원이 될 수 있도록 게임의 규칙에 집착한다. 즉 규칙을 고수하거나 바꿈으로써 경쟁자들을 배제하고, 자신이 게임에서 유리한 위치를 차지하려고 시도한다. 이러한 집단 간의 대립과 경쟁은 전체 사회구조로부터 '상대적으로 자율적인' 장의 구조적 동학을 허용한다.

부르디외는 예술의 장을 예로 들어 분화된 각각의 장에서 펼쳐지는 상징투쟁을 구체적으로 보여 준다. 일반적으로 예술의 생산은 경제적 효용성에 대한 부정을 통해서 또 다른 하나의 독자적인 경제 논리를 획득한다. 예술의 장은 세속적인 경제적 효용성을 부정하고, 상징적인 예술적 가치에 의존하는 소위 '반反경제적 경제'의 영역을 생성한다. 회화, 조각, 소설 등 다양한 예술적 형식으로 생산되는 작품들은 순수한 상징적 의미를 가진 예술품으로서뿐만 아니라, 일종의 상품으로 인식되는 이중의 속성을 가진다. 상품가치와 예술작품이라는 상호 배타적인 이중의 의미는 예술의 장의 구조와 작동 방식을 규정하는 핵심적인 요소다. 예술가들은 단기적인 경제적 이익을 거부하면서 예술의 상징적 가치를 추구하고, 그렇게 축적한 상징적 가치를 장기적인 경제적 이익으로 전환할 수 있다.

예술작품의 생산이 순수한 상징적 가치를 지향하느냐, 아니면 상업적 가치를 겨냥하느냐에 따라 예술의 장에서 경쟁에 참여하는 사람들은 서로 상쟁한다. 이 두 개의 상이한 이해관심으로부터 두 개의 예술적 생산 활동의 원칙이 발생하고, '제한생산의 장'과 '대량생산의 장'이라는 두 개의 대립적인 장이 형성된다. 순수예술을 지향하는 '제한생산의 장'과 상업적 성공이 지배적 원리로 작동하는 '대량생산의 장'으로 구성된 예술의 장에서는 '예술이란 무엇인가'에 대한 정의를 둘러싼 상징투쟁이 전개된다.

'제한생산의 장'은 경제와 세속적 성공으로부터 자유로우며, 예술적 가치에 대한 평가에 밀접히 관련되어 있다. 물론 진정한 예술가가 상업적으로 성공하는 것도 불가능한 것은 아니지만, 이는 단지 우연한 결과일 뿐이고, 예술을 통해서 금전적 이익을 추구해서는 안 된다. 대중의 선호가 아닌 소수의 예술가 동료들과 평론가 및 전문가들에 의해서 장의 질서가 주어지며, 이들은 평가위원회의 성원으로서 예술성을 평가하는 법정의 역할을 한다. 이들로부터 예술적 가치에 대한 인정을 받으면, 그 특정 작품은 선별된 고품격 예술의 표준이 되어 최상급 미술관에 소장되거나 교과서에 실리는 등 소위 성공에 이르게 된다.

또한 '제한생산의 장'에서는 상업적으로 실패한 예술가들에 대해서 '실패를 당한' 사람과 '실패를 의도한' 사람을 구분한다. 상업적 추구에도 불구하고 실패한 작품에 대해서는 어떤 가치도 부여하지 않으며, 예술적으로도 실패한 것으로 간주한다. 그러나 만일 그것이 의도한 상업적 실패라면, 이는 의도적인 거부의 결과로 해석되고, 작품은 비평가들로부터 인정을 받는다. 그는 세속의 일상적 강요로부터 벗어나 형식적인 실험에 몰두하는 순수한 예술가로 평가받으며, 그의 작품은 전위적인 가치를 가지는 것으로 인정받는다.

반면, '대량생산의 장'에서는 상업적 실패가 곧 재능이 없다는 평가가 된다. 독자나 청중이 찾지 않는 예술가는 곧 실패한 예술가로 간주되며, 작품의 가치는 시장에서의 상업적 성과로 확인된다. 평론가들은 상업적 지향이 뚜렷한 작품들에 대해서는 가치를 부여하지 않고 평론의 대상으로 삼지도 않는다. 상업적 추구에도 불구하고 실패한 작품은 완전히 외면받는다.

이렇게 '제한생산의 장'은 예술이란 오직 순수한 미학적 가치에 근거해서 평가되어야 한다는 예술을 위한 예술의 원리를 강조하는 데 반하여, '대량생산의 장'에서 작품의 가치는 일차적으로 외적인 대중성의 원리에 따라 결정된다. 따라서 전자는 예술의 장의 독자적인 논리에 의존하기 때문에 자율성이 강한 데 반하여, 후자는 외부의 상업적 가치에 영향을 받기 때문에 상대적으로 독립성이 약하다.

이 지점에서 부르디외는, 예술생산의 하위 장의 상이한 위계화의 원리와 대립이 단순히 예술의 정의를 둘러싼 경쟁 그 이상을 의미한다고 해석한다. 사용가치를 둘러싼 경쟁이 작동하는 경제의 장과 마찬가지로, 예술의 장은 상징적 가치를 둘러싼 집단 사이의 대립과 경쟁이 작동하는 실천의 영역이다. '제한생산의 장'은 예술적 가치가 동료들에게 인정받을 때 달성될 수 있기 때문에 장의 질서가 자율성에 기초하는 '내적 위계화의 원리'에 의해서 독립적으로 작동한다. 반면, '대량생산의 장'은 작품에 대한 평가가 예술성이 아닌 경제적 유용성이나 정치적 인정과 같은 세속적 성공에 의해서 결정되기 때문에 장의 질서는 '외적 위계화의 원리'에 의존한다. 따라서 후자는 전자에 비해 외부적인 영향에 의한 자율성 침해를 더 경험하게 된다.

한편으로, '예술이란 무엇인가'에 대한 개념적 정의는 단순히 용어 사용의 문제가 아니다. 예술성에 대한 승인은 작품의 상징적 가치를 높이기 때문에, 이해관계와 관련된 경쟁과 투쟁의 결과로 나타난다. '제한생산의 장'에서 전개되는 집단 간의 상징투쟁은, 베버가 제시한 성직자와 예언자의 사례와 마찬가지로, 이미 권력의 위치를 점하고 있는 정통 예술가와 새롭게 권력의 위치를 노리지만 아직 승인받지 못한 이단적 아방가르드 예술가 사이의 경쟁을 보여 준다. 소위 정통 예술가는 이미 정당성을 확보한 위계의 구조가 자신들의 특권적 위치를 보증하기 때문에 기존 질서를 보존하는 데 관심을 둔다. 이들은 새로운 세대의 예술가들이 주장하는 이단적 예술의 이념에 반대하면서, 기존의 정통으로 확립된 예술의 이념과 입장을 고수하려고 노력한다. 반면에 새롭게 상승하려고 도전하는 아방가르드 예술가들은 자신들이 생산하는 예술의 가치를 인정받기 위해서 기존의 예술 개념과 대립하는 새로운 예술의 이념을 개발하여 무장하고 정당성을 둘러싼 투쟁을 전개한다.

장은 우리가 생활하는 일상의 활동 공간이다. 우리는 집에서는 가족의 장의 구성원으로, 학교에 가면 교육의 장의 학생으로, 교회에 가면 종교의 장의 신자로 활동한다. 이러한 활동의 장에서 사람들은 사회적으로 형성된 가족, 교육, 종교의 의미에 따른 실천의 규칙에 기초해서 행동한다. 장에는 고유한 의미에 기초한 적절한 언행의 규칙과 질서의 구조가 있다. 예컨대, 어떤 학생과 교사가 부자 관계라고 하더라도, 그들은 학교에서는 교사와 학생의 관계로 대면한다. 친구들의 모임 같은 사적으로 만나는 관계조차도 사회적으로 형성된 의미체계에 기초한 상호작용의 논리에 의해서 작동한다.

사회적 장은 참여할 만한 가치가 있다는 믿음을 공유하는 사람들에 의해서 생성된다. 부르디외는 이러한 믿음을 '일루지오Illusio'라고 표현한다. 일루지오는 장에 참여하는 사람들이 가지는 그 장에 대한 이해관심이라고 할 수 있다. 일루지오는 고정되거나 경직되어 있는 것이 아니라, 시간과 장소에 따라 변화가 가능한 이해관심이다. 이는 경쟁과 상징투쟁이 벌어지면서 장의 규칙이 수정되거나 새롭게 생성되는 상황과 맞물려 변화한다. 이러한 일루지오는 그 장의 경쟁에 참여하지 않는 사람들에게는 무의미하거나 미신적인 것으로 보일 수 있다.

예컨대, 특정 종교의 신자라면 그들 사이에는 동의된 공통의 믿음이 있다. 외부인들이 보기에는 비합리적으로 여겨지는 교리나 신념이 신자들에게는 오히려 신앙의 신비를 확고히 해 주는 핵심적인 원리로 작용한다. 그러한 믿음이 기반이 되면 웬만한 변칙은 기꺼이 수용되며, 종교적 본질과는 관계없는 특정한 의례나 행위에 집착하기도 한다. 극단적인 경우에는 반사회적인 일탈 행위를 저지르면서도 오히려 소영웅주의에 빠져 자신들의 행위를 믿음으로 합리화하기도 한다. 특정 장에서 같은 진영의 사람들은 동일한 신념을 전제로 하기 때문에 작은 변화에 흔들리지 않고 새로운 지침에 따라 자신의 생각과 행동을 수정하면서 나아간다. 장이 형성되고 유지되려면 이러한 일루지오가 뒷받침되어야 한다.

사회적 장은 의미체계가 영향을 발휘하는 곳이다. 그것은 사람들이 어떤 사회적 의미에 가치가 있다고 믿고 경쟁에 참여하기 때문에 생성되며 유지된다. 의미는 사회적으로 형성된 것이며, 사람들은 의미가 왜 있는지 설명할 필요 없이 '의미가 있으니까' 있다고 믿는다. 만일 사람들이 그 의미를 믿지 않고 더 이상 실천에 참여하지 않는다면 그 장은 소멸될 수도 있다. 그러나 한번 어떤 의미에 대한 이해관심이 사회적으로 형성되면, 그에 기초해서 생성된 장은 되돌리기가 어렵다. 사람들은 장에 참여한 이상 뭔가를 얻어야 하고, 그러기 위해서 그들은 그 장을 유지시키려고 계속 의미를 부여하기 때문이다.

　예술의 장은 사회적으로 형성된 예술의 의미에 기초해서 생성된다. 예술이라고 하는 사회적 의미가 없다면 예술의 장은 불가능하다. 왜냐하면 거기에는 이해관계도 없고 얻을 것도 없기 때문이다. 예술이라는 것이 사회적으로 가치 있다는 믿음이 형성되고, 그것을 둘러싼 이해관심이 생성되면, 그로 인해 그와 관련된 실천의 장이 형성된다. 시간이 지나면서 참여자가 더욱 많아지면 장의 이해관계는 더욱 복잡하게 전개된다. 사람들이 이해관계를 둘러싸고 투쟁하면서 가치가 전복되기도 하고, 지배 세력이 바뀌기도 하지만, 예술의 장은 쉽게 사라지지 않는다. 예술이 가치 없는 것이라는 사망선고가 내려질 가능성은 거의 없기에 예술의 장은 존속한다. 다만 그

내부에서 새로운 경향을 둘러싼 계속된 경쟁과 투쟁으로 인한 구조적 변동만이 있을 뿐이다.

부르디외는 사회적 장에서 수행되는 일상적 실천의 구성적 측면을 포착하기 위해서 현상학이 남겨 놓은 생활세계 개념에 의존한다. 사회적 장으로서의 생활세계는 사람들이 자연스런 관행적 사고, 믿음, 인식, 평가에 의존해서 생활하는 상식적인 실천의 장이다. 사회적으로 형성된 장의 일상적 인식과 믿음은 생활세계의 자연적 필연성으로 스스로를 증명한다. 생활세계의 일상적 의례, 관습, 가치, 규범 등 사회적 통념과 관례는 항상 그래 왔고 현재에도 그런 것처럼 앞으로도 그럴 것이라는 자명한 믿음으로, 질문되지 않고 질문될 수 없는 공동생활의 규칙으로 작용한다.

그런데 부르디외는 사람들이 자연스런 생활세계의 통념에 안주할 때 초래되는 인식의 한계로 인해 오인에 빠질 수 있음을 지적한다. 우선, 사람들은 자신이 지니고 있지 않은 전문 지식을 필요로 하는 복잡한 문제에 대해서 자기 입장을 가져야만 할 때 '체계적인 착각Allodoxia'에 빠질 수 있다. 예컨대, 그 분야에 대해 잘 모르는 사람들이 자신이 가진 협소한 상식에 의존해서 에너지 정책이나 환율 정책에 대한 견해를 밝힐 때 드러나는 실수 같은 것이다. 이처럼 독사Doxa를 자신의 자연스런 생활세계와는 거리가 먼 상황에 적용할 때 '체계적인 착각'이 발생한다.

또한 사람들은 자신의 의도와 기대가 미리 예견하지 못했거나 원치 않았던 결과가 발생하여 모순된 사태에 직면할 때가 있는데, 부르디외는 이러한 오류를 파라독시Paradoxie라고 한다. 흔히 다수 사람들의 목표가 그 개별 행위자의 목적 실현을 방해하는 경우에 발생한다. 예컨대, 가난한 집안에서 태어나 재정적인 어려움에도 불구하고 사회적 신분상승을 위해 오랫동안 학업에 열중해서 대학 졸업장을 갖게 된 한 젊은이의 사회적 상승의지가 사회 전반적인 교육 수준의 상승으로 인해 좌절되고 기대했던 보상을 받지 못하는 사례 같은 것이다.

언급하였듯이, 사회적 장의 구조변동에 영향을 미치는 일차적인 실천형식은 생활세계의 통념을 둘러싼 정설Orthodoxie과 이설Heterodoxie의 대립과 경쟁이다. 기존의 정립된 정통 교리를 유지하려는 입장과 새로운 교리를 내세워 그것을 변화시키려고 노력하는 입장의 이해관심은 사회적 장의 구조변동에 가장 중요한 요소이다. 정설은 생활세계의 통념에 기초해서 지배문화로 승인된 공식세계이며, 대부분 변론에 근거해 체계화되어 있다. 반면, 이설은 의식적인 대항세계이며, 인정받지 못한 피지배 하위문화를 형성한다. 정당성을 둘러싼 정설과 이설의 대결 및 경쟁은 소유한 물적 자원과 상징적 수단을 동원해서 수행된다. 이러한 정설과 이설의 지속적인 경쟁과 대결은 일상의 상식적 통념을 변화시키고, 사회적 장의 구조변동에 영향을 미친다.

생활세계 개념은 사회적 장에서 수행되는 일상적 실천의 특성을 잘 드러내 준다. 그것은 사람들의 일상적 실천이 주로 관행적인 통념과 믿음에 근거하며, 많은 부분 의식적이라기보다는 무의식적으로 이루어진다는 점을 보여 준다. 또한 그것은 구체적인 상황에서 정당성을 둘러싸고 이루어지는 상호작용 행위가 내포한 이해관계의 대립과 상징투쟁에 대해 주목할 수 있도록 해 준다. 그것은 일상적 실천이 암묵적으로 초래하는 사회적 장의 내적 동학을 포착할 수 있도록 돕는데, 이는 일상적 행위가 가지는 사회세계의 구성적 힘을 보여 준다. 결국, 생활세계 개념이 허용하는 일상적 실천의 구성적 역동성은 장 이론이 구조주의적 접근의 한계를 벗어날 수 있도록 해 준다.

사회적 장의 역동성은 기본적으로 '지배하는 자'와 '지배하기를 기대하는 자' 사이의 투쟁에 기초한다. 그에 따라 특정 사회적 장에는 지배하는 위치와 지배받는 위치에 상응하는 두 개의 실천 전략이 구분된다. 장 내에서 지배적 입지를 굳힌 행위자들이 자신의 지위를 수호하기 위해 도입하는 '유지'의 전략과 현재 지배받는 위치에 있지만 지배자를 몰아내고 그 지위를 빼앗기 위해 기존 질서에 대해 문제를 제기하는 '이단'의 전략이 공존하는 것이다. 이러한 대결은 다양한 사회적 장 내에서 생성되는 역사적 변동의 기초가 된다.

아비투스와 장

부르디외는 사회적인 것의 존재 방식 두 가지에 대해 언급한다. 그 하나는 '신체가 된 역사'이며, 다른 하나는 '사물이 된 역사'이다. 아비투스 개념이 신체가 된 역사에 관한 이론이라면, 장 개념은 사회적 관계의 사물적 특성을 이론화한 것이라

할 수 있다. 그리고 아비투스와 장이라는 두 개념 사이에는 이론적으로 결합된 상응 관계가 존재한다.

장을 '사물이 되어 버린 역사'라고 할 때, 그것은 뒤르켐이 말하는 '사회적 사실'을 의미한다. 이것은 외적으로 독립적이며, 행위자에게 강요되는 강제성을 가지는 집합의식으로, 행위자의 의지와 의식으로부터 상대적으로 독립적인 객관적 구조로 존재한다. 이 구조는 실천을 매개로 해서 실재하는 것이지만, 그럼에도 불구하고 독립적인 생명력을 가지고 존속한다.

부르디외는 장을 아비투스에 의한 객관적인 구조화의 관점에서 바라본다. 삶들은 항상 외적으로는 객관적인 구조의 강제, 그리고 내적으로는 아비투스로 제약된 강제에 놓여 있다. 돈이 없으면 여행의 욕구까지도 잃게 되는 것처럼 장과 아비투스 개념은 '외적인 물적 제약'과 '내적인 의식의 제약' 사이의 상관관계를 보여 준다. 이러한 '이중적 제약'은 외적인 장의 구조적 강제가 실천적 경험 과정에서 내적인 아비투스의 제약으로 전화되는 과정을 해명해 준다.

객관적 구조로서의 장과 체화된 구조로서의 아비투스의 관계는 일방적이거나 환원주의적인 방식으로 설명되지 않는다.

그 관계는 변증법적이다. 외적인 사회구조는 체화의 과정을 통해서 내적인 인지, 사고, 행위의 구조로 변환된다. 역으로 외적인 사회구조는 아비투스의 실현을 통해서 재귀적으로 생성된다. 장의 외적인 객관적 구조가 체화되어 내적인 아비투스 구조가 되고, 체화된 아비투스 구조가 실천으로 외화되면서 아비투스와 장의 결합이 이루어진다. 이렇게 아비투스는 구조와 실천을 매개한다.

장의 객관적 사회구조는, 아비투스가 실천을 성향체계로 구조화하는 것처럼 아비투스를 구조화한다. 객관적 구조는 '신체를 가진 행위자'를 매개로 해서 존재할 수 있다. 따라서 특정한 사회적 장에는 그에 상응하는 아비투스가 존재하며, 또한 아비투스를 통해서 그에 상응하는 사회적 장이 생성된다. 사회적 장은 서로 대결 또는 협력 관계에 있는 사람들이 아비투스를 통해서 구조화된 실천형식들을 산출함으로써 지속된다. 신체를 가진 행위자가 없으면 실천도 없고, 실천이 없으면 어떤 객관적 구조도 존재할 수 없다. 장은 아비투스의 실천이 일어나는 공간이며, 경제, 교육, 종교 등 각각의 장 안에서 사람들은 각자가 가진 자본과 아비투스로 게임에 참여한다.

다양한 장으로 분화되는 현대사회는 그에 따른 다양한 부분 문화를 창출하여 장과 아비투스 사이의 조화를 생성한다. 일상적 행위자의 실천적 지식은 어떤 진리나 객관성이 아니라 직접적 실천의 효과에 있다. 따라서 이전의 경험에서 학습된 인지도식, 즉 아비투스는 유사한 상황에 직면했을 때 의문을 제기하지 않고 이미 확증된 인지구조를 적용한다. 그로 인해 이미 확증된 인지구조는 어떤 변화의 계기를 생성하지 않는다. 사회세계에 적응한 인지도식이 학습된 인지구조에 대해 의문이 제기되지 않는 한, 아비투스는 직면한 상황적 요구에 자연스럽게 조응하게 된다.

외적 구조로서의 장과 내적 구조로서의 아비투스 사이의 상동성에 대한 부르디외의 해명은 일상적 사고의 자명성이 어떻게 생성되는가를 보여 준다. 그는 일상적 자명성의 발생 원인을 '사회적 조건'으로서 장의 구조와 '실천의 형식'으로서 아비투스 사이의 상호작용에 기초해서 아비투스와 장의 일치성과 복잡성, 그것에 수반되는 일상의 자명성과 자연성에 대해 해명한다. 아비투스와 장의 조응이 이루어지면 사회세계는 자명한 것으로 경험되는데, 여기서 자명하다는 것은 무의식적으로 확신한다는 뜻이다. 즉 너무 당연해서 의문을 품지 않는 것이다.

실천을 통해서 구조를 재생산하는 경향적 순환성은 분화된 사회에서 나타나는 아비투스와 장 사이의 절대적인 관계가 아니다. 아비투스의 기대 구조가 좌절되고 그간에 이미 입증된 익숙한 사고 및 인지의 도식이 문제시되는 위기 상황에 직면하면, 아비투스와 장의 관계는 분열되고, 서로 대립하면서 갈라지는 경향이 발생한다. 이러한 장의 주관적·객관적 위기 상황에서는 실천의 생성 원리로서의 아비투스는 좌초되고, 가능한 기회에 대한 성찰적 실천이 나타날 수 있다.

부르디외는 일찍이 알제리 원주민의 생활양식 연구에서 이러한 상황을 잘 포착해 냈다. 알제리와 같이 강력한 가부장 사회에서 여성이 생계를 유지하는 것은 가장인 남성들에게는 치욕스런 일이다. 그러나 농사지을 땅을 잃은 가장들은 이런 상황을 불평하고 괴로워하면서도 세상이 변했으니 어쩔 수 없는 일이라며 자포자기한다. 농부이자 가부장이었던 이들이 도시의 빈민가에서 일용직 노동자 자리를 찾으며 겪는 고충을 상세히 묘사하면서 부르디외는 그들이 과거의 아비투스를 유지할 수 없는 낯설고 힘에 부치는 변화 속에서 허둥거리고 좌절하는 과정을 고스란히 보여 준다.

부르디외는 사회변동을 일으킬 수 있는 동인을 장의 내부 요소들에서 찾는다. 오늘날 다양하게 분화된 개별 장의 내적 구조가 변할 수 있는 가능성은 장의 내적 구조를 형성하는 다양한 아비투스 형식들 사이의 차이에 있다. 장과 아비투스의 관계가 조응적이라는 것은, 장 내의 상이한 아비투스 형식 사이의 투쟁을 통해서 구조의 지속성과 규칙성을 유지하려는 관성과 변화를 초래하는 혁명의 가능성이 동시에 공존한다는 것을 의미한다.

장의 분화와 권력관계

장 이론은 현대사회의 분화 및 제도화, 그리고 변동의 기제를 해명한다. 이는 우리가 살아가는 세계를 구성적으로 변화시키는 일상적 실천의 동학을 보여 준다. 사람들이 개별 장에서 어떤 전략을 가지고 상징투쟁에 참여하는지 살펴봄으로써 각각의 상부구조의 독자적인 교환 및 물적 토대에 대한 개넘적 분석을 제공한다. 장은 일종의 부분 체계와 같이 실천적 행위의 아비투스적 특성을 보여 주며, 사회적 상호작용에서 다양한 집단들이 추구하는 전략적 이해의 대립을 드러낸다. 이 과정에서 의미와 가치를 두고 발생하는 상징투쟁은 집단들 사이의 이해관계를 둘러싸고 정당성을 획득하기 위한 경쟁이다.

장 이론은 사회의 변동을 각 부분으로 분화된 영역의 동학을 통해서 해명한다. 다양한 사회적 장의 내부에서 일어나는 상징투쟁은 개별 장의 구조를 변화시키고, 이는 전체 사회의 변동을 초래한다. 장 이론은 사회변동이 기본적으로 일상적 실천이라는 내재적 요인을 통해서 이루어짐을 보여 준다. 그리고 이러한 부분 영역의 변동이 결국 전체 사회의 변동으로 이어지는 과정에 대한 논리적 설명을 전개한다. 이처럼 내적 동인에 의한 접근은 복잡하게 분화된 사회의 변동을 설명하는 데 분석적 이점을 제공한다.

장 이론은 당연히 내적 동학에 기초한 분석과 더불어 외적 동인에 의한 변동과 분화의 경향에 대해서도 설명한다. 과거에는 혁명과 같은 정치적 전환이 결정적인 외적 요인이었다면, 오늘날에는 과학기술의 발전이 장의 변동을 급격하게 추동한다. 특히 정보통신기술의 발전은 경제는 물론, 예술, 교육, 의료 등 우리 생활 전반을 획기적으로 변화시키고 있다. 이러한 변화는 다양한 개별 장의 환경을 크게 바꾸어 놓는다. 이렇게 변화된 환경은 개별 장에서 정당성을 둘러싼 경쟁과 상징투쟁을 활성화하고, 때로는 장 자체를 허물거나 새로운 장을 형성하기도 하면서 사회적 장의 이합집산을 촉진한다. 우리는 이러한 과정에서 장들 자체가 부분 장들로 분화되고 끊임없이 교정된다는 것을 알 수 있다.

장의 분화는 제도의 분화 및 전문화에 맞물려 근대 이후 지속된 경향이지만, 새로운 기술 환경은 제도에 앞서 장의 분화를 이끌고 간다는 점에서 주도적이다. 그리고 산업화로 초래되는 환경 문제나 팬데믹, 경제 공황과 같은 재앙들 역시 장의 변동과 분화를 촉진한다. 우리는 이러한 문제들을 해결하기 위해서 또다시 과학기술의 발전에 의존할 수밖에 없다. 장의 전문적인 분화가 이루어지고 그 안에서의 전문가들의 역할이 더 커진다. 장의 분화는 점점 일반 참여자들을 소외시키고, '지식이 곧 권력'이 되는 사회를 강화한다.

분화된 각각의 장들은 상대적인 자율성을 가지고 있다. 물론 이러한 자율성은 독립성이라는 긍정적인 측면과 배타성이라는 부정적 측면을 동시에 드러낸다. 각 장들 사이에 상대적 자율성이 보장된다는 것은, 각 장에는 내적인 자율성이 있지만 다른 여타 장과의 관계에서 절대적인 독자성을 갖지는 못한다는 의미이다. 장들 사이에도 권력관계가 형성되고 지속적인 상징투쟁이 일어난다. 장의 상대적 자율성이 보장되려면 그 사회가 어느 정도 민주화되어 있어야 한다. 전근대적 국가나 권위주의 국가에서는 정치의 장의 논리에 따라 다른 장들이 통제받는다.

민주화된 사회에서도 장의 자율성이 위협받는 경우가 있다. 그 대표적인 사례로 학문의 장이 있다. 부르디외는 학문이 사회에 기여하기 위해서는 자율성이 보장되어야 한다고 누차 강조한다. 그는 그가 '국가귀족'이라고 부르는 세력들에 의해 학문의 장의 자율성이 심각하게 침해되었다고 개탄한다. 관료들이 학위를 취득하여 자신이 전문 지식인임을 주장하며 학문의 장으로 들어와 국가권력의 논리를 관철시키는 경우나, 지식인들이 언론이나 외부 기관의 자문을 맡아 자본이나 정부의 논리를 대변하는 일들이 그렇다.

부르디외는 지식인들의 사회 참여를 당연한 것으로 여기지만, 권력과 이익 추구를 위해 학문의 장에서 얻은 권위를 악용하는 것에 대해서는 강하게 비판한다. 큰 이해가 걸려 있는 장들일수록 지배집단들끼리 결탁하여 장의 생태계를 교란시키고, 더 나아가 국제적으로 연결됨으로써 세계를 위기에 빠트린다. 예컨대, 신자유주의가 부추기는 장의 국제적인 합종연횡이 그렇다. 이러한 방식은 적은 자본을 가지고 있어 취약한 위치에 놓인 사람들에게 치명적인 해악을 끼칠 수 있다. 부르디외는 각각의 장에서 그간 일구어 놓은 사회적인 성취를 빼앗기지 않기 위해 실천할 것을 제안한다.

실천적 참여가 용이한 장들도 있지만 상대적으로 매우 제한적인 장들도 있다. 이러한 장들은 대체로 사회에 대한 상징적 지배와 관련되어 있다. 대표적인 예로 정치의 장을 들 수 있다. 국회의원 같은 제도권 정치의 최상위 장에 참여하는 일은 일반 시민들로서는 불가능에 가까울 만큼 접근 자체도 어렵다. 이러한 상징권력의 장에 입성한 이들은 일반인의 세계와 구분된 세계에서 미디어에 의존하여 소통하고, 미디어에 결탁되어 상징권력을 더욱 강화하는 방식으로 활동한다.

정치의 장은 선거제도나 정당 활동 등으로 시민 참여를 보장하고 있지만 시민에게는 어디까지나 관객으로서의 역할만이 주어진다. 무엇보다 이러한 참여는 경제적, 문화적으로 풍부한 자본을 보유하고 있지 않으면 엄두도 낼 수 없고, 상징자본이나 사회자본의 뒷받침 없이는 시작도 할 수 없다. 그들만의 오래된 게임의 규칙이 있고, 특히 수적으로 매우 제한되어있기 때문에 기득권 세력에게 절대적으로 유리하다. 일단 정치의 장에 입성한 이들은 상징투쟁에 전력을 다한다. 이해관계가 일치하는 특정 집단의 대변자로서 충실히 움직일 뿐만아니라, 자신들의 특권을 상징자본으로 활용하여 정치의 장의 경계를 둘러싼 치열한 투쟁을 펼친다. 시간이 흐를수록 더욱 전문화 및 제도화되어 일반인의 참여를 배제시키고 그들만의 리그로 운영된다. 언급할 필요도 없이, 그것이 기득권을가진 자들에게 절대적으로 유리하기 때문이다.

5

자본과 불평등

사회불평등 연구는 '계급의식' 연구가 아닌 '계급무의식' 연구로 나아가야 한다는 부르디외의 제안은 혁신적이다. 부르디외는 사회불평등 연구가 단순히 이론적 수준의 계급구조 분석을 넘어 '구조-아비투스-생활양식'을 포괄하는 전체적인 계급재생산 연구로 확장되어야만 사람들의 삶을 제대로 조명할 수 있다고 설명한다. 자본과 이윤의 모든 현상 형식을 포착하려는 시도 속에서 부르디외는 '자본' 개념을 재구성하고 확장한다.

생활양식과 자본

일반적으로 자본은 재화의 생산과 유통에 기여하는 화폐 또는 물건의 가치를 나타낸다. 학문 영역에서는 분과별로 다양한 정의가 있지만, 전통적인 자본 개념을 단순하게 축약하자면, 경영을 위한 자금, 공장, 부동산 등 생산수단을 뜻한다고 할 수 있다. 그 소유 여부에 따라 자본가와 임금 노동자의 관계가 형성되며, 이러한 관계는 잉여가치를 생산하는 기제로 작동한다. 그런데 부르디외가 보기에 기존의 자본 개념만으로는 현대의 분화된 사회의 장에서 이루어지는 각양의 문제를 해명할 수 없다. 사회적 계급을 확인할 수 없으면 사회불평등의 문제도 규명할 수 없다. 일각에서 제기하는 '이제 계급은 없다'라는 개인화 테제에 맞설 이론적 무기가 필요한 것이다.

부르디외는 자본이란 '물질의 형태로든 또는 내화되고 체화된 형태로든, 어떤 축적된 노동'이라고 정의한다. 단순히 경제적 형태로서만이 아니라 다양한 형태로 자본이 존재한다는 것이다. 경제적 상품 교환은 가능한 여러 사회적 교환의 형태 중 하나다. 교환관계의 형식은 사회질서의 분화된 가치 영역을 반영하며, 사회적 관계는 제도적 맥락에서 교환관계의 형태를 취한다. 따라서 경제적 교환도 다양한 여러 사회적 교환의 유형 중 하나로 보아야 한다.

부르디외는 자본 개념을 경제적 관점으로만 제한하지 않고, 사회적 장에서 이루어지는 행위와 상징가치를 두고 발생하는 사람들 사이의 대결, 제도화된 가치, 권위의 불평등한 질서 등을 포착하기 위해 다양한 자본 형식을 발굴해 낸다. 그 대표적인 것이 경제자본, 문화자본, 사회자본, 상징자본 등이다.

물론 가장 기본이 되는 것은 역시 경제자본이다. 그런데 부르디외는 경제자본이 사회의 일차적인 소유 유형이며, 또한 기본적인 교환의 매체로서 문화자본 등 여타 자본 유형으로 들어가는 열쇠가 될 수 있다고 설명하면서도, 정작 그 작동 원리에 대해서는 깊이 다루지 않는다. 그의 관심은 베버가 제기했던 상징 차원의 불평등 문제에 있으며, 가치의 제도화를 통해서 분화된 사회의 불평등과 그 재생산 문제를 효과적으로 다룰 수 있는 이론을 구축하는 데 있기 때문이다. 그는 상징적 가치를 둘러싸고 사회의 부분 영역에서 벌어지는 경쟁이 어떻게 해당 장의 자율성을 강화하고, 사회적 불평등을 재생산하는 기제로 작동하는지에 관심을 둔다.

이에 따라, 경제적 원리에 의해 조직되는 측면이 강하지만 점점 더 사회적으로 중요해지고 있는 문화생산의 장과 그것에 기초하고 있는 문화자본의 개념을 부르디외는 특히 중요하게 다룬다. 부르디외의 문화자본 연구는 사회경제적 위치로부터 계급의식을 도출했던 기존의 사회불평등 연구의 지식인주의에 대한 비판을 담고 있다. 그가 보기에 기존의 계급이론이 주장하는 혁명적 계급의식은 정치적 이슈가 생성되고 그에 대한 대안이 기대될 때 나타날 수 있는 특수한 상황의 동원계급과 관련이 있다. 부르디외는 오히려 일상의 계급실천은 사람들의 아비투스를 통해 무의식적인 성향으로 나타나고, 그것은 소비취향이나 생활양식의 차이를 통해서 분석될 수 있는 것이라고 보았다.

문화자본의 소유는 언어, 태도, 복장, 취향 등 높은 식별 가치를 가지고 있는 특정한 아비투스와 결합되어 있다. 아비투스의 표식은 개인에게 내적으로는 자기 확신을 부여하고 외적으로는 구별짓기를 가능하게 해 준다. 이러한 문화자본은 교육체계와 가족의 유산 등을 통해서 지속적으로 재생산된다. 문화자본 중에 부르디외가 가장 집중하는 것은 교육이다. 교육체계는 제도화되고 정당성을 획득해 갈수록 점점 더 분화하고 확산하면서 그 의미와 비중이 다른 자본에 비해 상대적으로 강력해지고 있다.

확장된 자본 개념에서 큰 비중을 차지하는 또 다른 유형은 사회자본이다. 부르디외는 사회자본을 사람들의 지속적인 관계나 다소 제도화된 관계의 자원으로 정의한다. 그는 여타의 자본 형식과 마찬가지로 사회적 불평등에 영향을 미치는 자본으로 기능한다는 점에서 사회자본에 주목한다. 그는 누군가가 어떤 집단의 성원이라는 사실 때문에 이익을 얻는다면, 그로부터 배제된 사람들에게는 불이익이 초래된다는 점을 주시할 필요가 있다고 강조하지만, 그렇다고 사회자본을 동원하는 모든 경우를 부당한 것으로 간주하지는 않는다. 그 장의 경쟁에서 사회자본을 투여하는 방식과 그로 인해 결과적으로 어떠한 영향을 미쳤는지에 의미를 둔다.

부르디외는 또 하나의 중요한 유형으로 상징자본을 추가한다. 그것은 어떤 물적 형체에 기초하거나 사람들 사이의 교류 관계에 기초해서 생성되는 자본이 아니다. 실질적인 교류가 없다고 하더라도 한편에서 일방적으로 제공할 수 있는 자본이다. 어떤 의도나 강제에 의해서라기보다는 '자발적 동조'에 의해서 생성될 수 있다는 점에서 흥미롭다.

부르디외가 보기에, 자본은 행위자가 장의 게임에 내거는 판돈이나 손에 들고 있는 카드 패와 같아서, 게임에서 승리하면 원하는 자본을 획득하는 순환구조이다. 경제의 장에서의 화폐나 부동산, 문화의 장에서의 학벌이나 자격증, 사회적 장에서의 인맥과 같이 행위자는 뭔가를 투자해서 수익을 취한다. 또한 이러한 개별 자본 유형은 상호 변환될 수 있는 특성을 가지고 있다. 예컨대, 거금을 들여 유명 작가의 그림을 소장하거나, 골프클럽 회원권을 사거나, 또는 복지재단을 설립하는 등의 일들로 자본 간의 상호 변환을 꾀할 수 있다. 거대 자본의 소유자는 자신이 가진 자본 중 우세한 자본 유형의 가치를 보호하거나 높이기 위해 문화자본이나 사회자본 또는 상징자본에 기꺼이 투자한다.

부르디외는 사회적 장의 상징적 가치를 두고 발생하는 집단 간의 대결이나 권위의 불평등한 질서를 포착하기 위해서 현실에서 작동하는 다양한 자본 유형을 끌어들인다. 이는 경제적 계급과 더불어 위신, 명성, 영예 등과 같은 사회적 인정도 중요한 불평등 요소로 끌어들여야 한다는 베버의 제안에 대한 응답이었다. 사회적으로 분화된 다양한 장들에는 그 각각의 장에 상응하는 특정 유형의 자본이 있다. 그가 굳이 자원이 아닌 자본 개념을 사용하는 이유는 그것이 장의 가치를 둘러싼 경쟁에 참여해서 획득하는 것이기 때문이다.

사심 없음의 경제

자본주의 사회에서 가장 중요한 자본 형식은 역시 경제자본이다. 부르디외에게 있어 경제자본은 전통적인 의미의 자본인 생산수단뿐만 아니라 동산, 부동산, 급여 등 모든 다양한 물적 자산 형식들을 포함한다. 경제자본의 중심성은 장과 자본의 상호 규정력에 의해서 경제적 장의 우세한 지배력으로 나타난다. 그것은 소유권 형식으로 제도화됨으로써 안전이 보장되는데, 간혹 사회가 불안정하면 극심한 인플레이션에 의해 가치가 하락하기도 하고, 혁명이나 공황 같은 커다란 사회변동으로 인해 소멸될 위험성도 있다.

부르디외는 경제자본을 지배적인 자본 유형으로 보지만, 사회적 사실을 물질적 측면으로 환원시키는 경제주의적인 관점에 대해서는 비판한다. 그가 보기에, 전통적인 경제적 자본 개념은 사회적 교환관계를 이윤의 극대화를 노린 상품의 교환관계로 환원시킨다. 그리고 여타의 사회적 교환 형식들을 모두 비경제적인 것으로, 즉 이윤에 관심이 없는 교류 관계로 설명한다. 그와 같은 제한된 경제적 자본 개념으로는 전통사회는 물론이고 오늘날 다양하게 분화된 사회적 장에서 일어나는 교환의 특성을 적절하게 포착해 낼 수 없다.

다양하게 분화된 사회적 장에서 작동하는 특수한 이해, 투자, 수익성은 기존의 경제학적 자본 개념이 겨냥하는 물적 교환과는 상이하다. 물적 교환관계만을 경제적인 것으로 정의할 경우, 모든 여타 유형의 실천의 경제, 특히 상징적 실천형식의 경제를 간과하게 된다. 이러한 다기한 문화적, 사회적, 상징적 실천형식들을 포괄하려면, 일차적으로 '사심 없음의 경제'를 포착해야만 한다. 성직자나 사회운동가의 행위가 경제적 사심이 없음으로 인해서 힘을 얻는 경우처럼, 다양한 사회적 장의 상이한 이해, 투자, 수익 가능성을 개념화할 수 있어야만 한다.

베버의 언급처럼 만일 예언자가 경제적 이익에 관심을 두고 있다는 것을 대중이 눈치챈다면 그 예언자는 예언의 힘을 잃게 된다. 정치, 학문, 예술 등과 같이 '소명' 의식을 가지고 있어야 된다고 여겨지는 분야의 일을 하는 사람들은 물질적 이익에 관심을 두는 사람으로 보여서는 안 된다. 정치인은 이념의 실현, 학자는 탐구, 예술가는 예술을 위한 예술을 통해서 자신을 증명함으로써만 상징자본을 축적할 수 있다. 이처럼 정치의 장의 권력자본, 학문의 장의 문화자본, 예술의 장의 상징자본 등은 모두 '사심 없는 경제'의 논리에 기초해서 작동한다. 이들 장은 경제적 효용성에 대한 부정에 기초한 '반反경제의 경제'로 작동하기 때문에, 경제적 배고픔을 감수하고 직업의 소명에 충실할 때 자본의 증대를 기대할 수 있다.

부르디외는 사회적 장에서 참여자들이 상징투쟁의 결과로 얻은 권위를 모두 자본으로 본다. 복잡한 기제에 의존하고 있는 오늘날의 분화된 사회에서 사람들의 교환 행위를 경제적 이윤의 극대화로만 해석한다면, 해명하지 못하는 부분이 너무 많다. 물론 여전히 경제자본이 가진 강력한 영향력과 여타 자본과의 교환가치를 부정할 수는 없지만, 갈수록 경제자본 자체만으로는 권력적 지위를 보장받지 못하기 때문에 그것은 다른 여타의 자본 형태와 결합함으로써 영향력 있는 권력을 행사할 수 있게 된다.

부르디외가 사회불평등 연구의 대상을 '구조-아비투스-생활양식'을 포괄하는 전체적인 계급재생산 연구로 확장했던 이유는 분명하다. 누차 강조하였듯이, 현실에서 계급의 존재는 계급구조가 아닌 일상적 실천을 통해서 드러나는 생활양식에 대한 연구를 통해서만 확인될 수 있기 때문이다. 이러한 생활양식은 사람들의 일상적 소비와 취향에 대한 연구를 통해서 확인된다. 그런 점에서 문화자본은 사람들의 생활양식과 계급재생산 전략에 동원될 수 있는 중요한 자본의 유형이다.

부르디외의 문화자본에 대한 관심은 분화된 사회의 불평등 문제를 포착할 수 있는 이론을 마련하려는 노력이라고 할 수 있다. 그는 프랑스 교육제도에 대한 연구에서 상층 지배집단의 '재생산 전략'을 분석하면서 지배적인 문화에 대한 친밀성이 어떤 역할을 하는지 탐구했다. 그는 유복한 가정 출신들이 명문학교를 졸업하고 사회의 엘리트가 되는 과정은 부모의 경제자본을 통해서가 아니라 문화자본을 통해서 설명되어야 한다는 점을 강조한다.

문화자본은 사람들이 사회화나 학습을 통해서 얻게 되는 자본이다. 부르디외는 문화자본의 유형을 크게 세 가지로 나눈다. 첫 번째는 언행과 생활습관, 취향 등 '체화된 문화자본'이다. 이는 소유가 곧 존재로 변환되어 개인의 영속적 성향으로 체화됨으로써 아비투스가 된 자산이다. 두 번째는 책, 그림, 음악 등 대상화된 지적 재산을 모두 포괄하는 '객체적 문화자본'이다. 문화상품의 소유와 거래는 경제자본과 유사하게 가격을 통해 조직되며, 문화상품에 대한 향유 능력은 구별짓기로 이어진다. 세 번째는 학력이나 자격증과 같은 '제도화된 문화자본'이다. 그 대표적인 형태는 역시 교육자본으로, 문화생산의 장이 민주적으로 개방되면 교육제도의 재생산 기능은 점점 더 강화된다. 이러한 문화자본들을 단순히 개인의 소유로 환원시킬 수는 없으며, 대부분 가정의 전통을 통해서 세습되고 증대될 수 있다.

일차적으로 '체화된 문화자본'은 특히 사람들의 생활양식에 크게 영향을 미친다. 이 형식의 문화자본은 문화 능력, 숙련, 지식 등을 포함하며, 근본적으로 체화되어 신체에 간힌 역량이다. 이는 오랜 기간의 교육이나 사회화를 통해서 습득할 수 있는 개인적 역량이기 때문에 타인에게 양도할 수 없는 문화적 역량이다. 이 체화된 문화자본은 특히 어려서부터의 가정 교육이나 부모의 관심과 지원에 크게 영향을 받는다.

체화된 역량은 인지 능력이나 미학적 취향, 태도, 습관 등 여러 형식으로 드러나는데, 생활양식을 규정하는 핵심적인 요소라 할 수 있다. 여기에는 기타를 잘 친다거나 외국어를 잘하는 것처럼 학습된 기술도 있지만, 교양 있는 말투나 몸짓처럼 몸에 밴 습성도 포함된다. 이러한 체화된 문화자본은 사람들의 아비투스를 형성하는 신체적 능력이다.

체화된 문화자본은 학습하고 습득하는 데 시간이 필요하며, 이는 행위자가 개인적으로 투자해야만 한다. 그런데 그 습득에서 결정적인 것은 학습 기간이 아니라 가족의 배경이다. 체화된 아비투스 성향은 어린 시절 가정에서의 사회화 경험에 의해 확실히 영향을 받으며, 각인된 성향은 계속해서 이후의 실천에 영향을 미친다. 전형적인 계급적 또는 종교적 어투와 같이 가시적인 흔적을 남기므로, 이렇게 체화된 습성은 그 개인의 삶에서 분리되기 어렵다.

또한 체화된 문화자본은 문화 선호의 양식으로 나타난다. 사람들이 문화자본을 몸으로 습득하여 내면화해야만 한다는 사실은 대상화된 문화상품의 선호조차도 결국에는 행위자가 체화한 신체적 문화자본에 의존할 수밖에 없음을 보여 준다. 문화적 재화의 소비와 선호는 계급적으로 유의미한 기호의 차이를 드러내는 중요한 지표다. 문화자본은 경제자본과 결합하여 좋아하는 기호식품이나 영양을 섭취하는 방식 등의 식습관뿐만 아니라, 예술이나 문화상품에 대한 접근성에도 영향을 미친다.

생활양식에서 나타나는 소비 선호는 어려서부터 익숙하게 경험하면서 체화된 아비투스에 의해서 결정된다. 아비투스의 형성에는 가정교육 못지않게 학교 교육의 영향도 크다. 중산층 이하의 계급에게 시나 소설, 클래식 음악, 명화 감상 같은 정통 예술에 대해 배울 기회는 대체로 학교 교육을 통해서 주어진다. 고등교육으로 진입할수록 그 난이도도 높아진다. 예술사조를 배우고 미학이론에 기반한 비평과 감상법까지 습득하면서 고급한 해석적 인식을 습득하는 데까지 도달하게 된다. 사회적으로 고급하고 가치 있는 것이라고 규정된 것에 우리가 어떤 경로로 접근하는지, 그리고 그러한 경험이 개인의 아비투스에 어떤 영향을 미치는지 생각해 보면, 학교에서의 교육이 미치는 영향력에 대해서 좀 더 의미 있게 들여다볼 필요가 있다.

한편 예술품이나 기술적 도구 등을 포괄하는 '객체적 문화자본'은 경제자본과 유사하게 물적 가치를 가지고 있어 상품으로 거래할 수 있다. 저작권 같은 문화적 재화가 중요한 경제자본으로 부각되고, 그림이나 골동품 등 고가의 문화상품이 재산 증식이나 상속을 위한 수단으로 활용되기도 한다. 그런데 이러한 문화적 재화는 물적 효용성이 아닌 문화적 평가에 의해 그 가치가 결정된다는 게 경제자본과의 차이점이다. 문화적 재화의 가치는 예술적 정통성과 희소성에 있으며, 그것을 소유하고 소비할 수 있는 생활양식은 상층계급의 취향과 관련이 있다.

오늘날 사람들의 취향을 결정하는 문화적 재화의 소유와 소비는 점점 더 그들의 학습된 문화적 역량에 기초한다. 사회화의 과정에서 교육제도의 영향이 확대되면서 사람들의 문화적 역량과 학교 교육과의 상관관계가 더욱 커지고 있다. 고등교육의 세례를 받은 사람들은 그림을 감상할 때 '아름답다', '웅장하다' 등과 같은 단순한 감각적 인상을 넘어서 구도나 표현

기법, 작가의 의도를 논하는 등 복잡한 해석적 인식을 과시한다. 교육제도가 계급재생산 전략의 중요한 기제로 작용하면서 사람들의 문화적 소비와 취향에 더욱더 큰 영향을 미치는 것이다.

부르디외는 특히 '제도화된 문화자본'의 유형에 많은 관심을 기울인다. 그가 보기에 오늘날 사회의 경쟁과 갈등은 점점 더 규칙의 제도화를 통해서 중재되며, 그 대표적인 사례가 교육제도에 기초해서 생성되는 교육자본이기 때문이다.

사람들이 교육에 의존할수록 교육체계는 점점 더 제도적 자율성이 확대되고, 참여자들이 더욱 교육에 힘을 쓰도록 강요하는 독자적인 성장 논리를 가진다. 더 많은 사람이 교육제도를 통해 자격증을 획득할수록 자격증의 위상은 약화되므로, 참여자들은 다시 더 많은 자원과 비용을 투자하면서 무한 경쟁에 뛰어들게 된다. 이는 결과적으로 개인의 실질적인 직업 활동 역량과 직접적인 연관성 없이 사람들을 점점 더 교육제도를 통한 경쟁과 선별의 논리에 빠지게 만든다. 시간이 지날수록 교육 인플레이션은 극심해지고, 이해집단들은 최소한의 선별된 인원에게만 보장되는 희소한 자격증을 발급하여 장

안에서의 경쟁을 더욱 촉발시킨다.

사람들이 교육제도를 계급재생산 전략에 이용하면 할수록, 제도화된 문화자본이 생활양식에 미치는 효과도 커진다. 학위를 통해서 소위 '교육귀족'의 성원이 되면, 권위가 정당화된 문화자본을 소유하게 된다. 이러한 자본은 희소할수록 그 가치가 커진다. 특정 분야에서 입학 정원을 통제하고 자격증 발급 수를 제한하는 것은 그것의 사회적 가치를 높이기 위한 전략이다. 독학으로 어떤 분야에 뛰어난 성취를 이루었다 하더라도, 그것은 공식적인 제도를 통해서 공인된 학위를 통해 문화자본을 소유한 것과는 확연히 차별된다. 이렇게 어떤 문화자본이 직업 취득이나 수입을 통해서 경제자본으로 변환할 가능성은 일차적으로 학위와 자격증 같은 합법적 증서에 의존한다. 그리고 동일한 학위나 자격증 소지자라도 소위 명문이라고 인정받는 학교 출신자들이라야 사회적 인정이라는 상징자본까지 소유하게 된다.

주지하듯이, 문화자본의 형성은 어린 시절부터 성장하면서 사회화된 역량에 의존하기 때문에 가정환경과 가장 밀접한 관계가 있다. 부모가 가진 문화자본은 가정교육이나 사회화를 통해서 전이가 가능하다. 말투를 비롯한 언행과 옷차림 등의 문화적 취향은 가정에서 많은 영향을 받는다. 클래식 음악이나 고급 미술을 접하는 것은 어린이가 스스로 만들 수 있는 경험이 아니다. 이는 전적으로 어린 시절부터 그러한 것을 경험할 수 있는 가정환경에 달려 있다.

상이한 자본 형식들은 상호 전환이 가능하며, 문화자본과 경제자본으로 상호 변환이 가능하다. 문화자본을 축적하기 위해서는 경제자본의 투자가 필요하고, 축적된 문화자본은 또한 경제자본으로 전환이 가능하다. 그러나 기본적으로 이 두 자본 유형은 서로 상이하고 환원이 불가능한 독자적인 형식을 가지고 있다. 비록 추가적인 노력을 통해서 자본 형식들 간에 변환이 이루어진다고 하더라도, 그 변환은 각 자본 형식이 가지는 독자적인 논리를 침해하지 않는다. 문화자본은 체화를 위해 투자한 학습 시간뿐만 아니라, 직접적인 물적 이익을 부정하는 문화적 게임의 규칙에 근거한다. 물적 재화로 된 것이든 아니면 체화된 형식이든 간에 모든 문화자본의 형식은 문화적 장의 독자적인 논리와 거기에서 통용되는 게임의 규칙에 따른다.

흔히 세련된 취향이나 품위는 타고나는 것이며, 특히 학력 만큼은 전적으로 개인의 역량이라고들 믿는다. 그러나 부르디외는 개인의 능력이나 심지어 품성조차 어떤 자본의 세례를 받아 형성된 것인지를 드러냄으로써 사람 개개인의 차이가 사회적 위치에 의해 만들어졌다는 점을 인지하게 해 준다. 그런 점에서 실력이 가장 공정한 평가 기준이라며 능력 중심 사회를 만들자는 주장은 착각에서 비롯된 것임을 부르디외의 연구는 잘 보여 주고 있다. 무엇보다 부르디외가 우려한 바는 현대사회에서 교육을 비롯한 문화자본의 중요성이 더욱 커짐에 따라 사람들은 그에 따른 불평등을 자연스럽게 받아들인다는 것이다. 어떤 사람이 소유한 자본이 곧 그의 능력이라는 믿음은 불평등에 대한 문제의식마저 마비시킨다.

관계의 이익과 덫

부르디외는 사람들이 맺는 관계에 의해서도 이익을 얻을 수 있다고 보고 이러한 사회적 관계를 '사회자본'으로 개념화한다. 이는 사람들이 상호 인정하는 사회적 관계를 통해서 갖게 되는 잠재적이고 실제적인 자원을 말한다. 어떤 집단에 속함으로써 얻게 되는 사회적 자원이나 권위 또는 이익 등으로, 필요할 때 도움을 주고받을 수 있는 관계에서 만들어진다.

그간 사회자본에 대한 주된 논의는 주로 '거래 비용의 감소', '효용의 극대화', '공동체의 신뢰' 등과 같이 그 효율성의 측면에서 접근하는 경향이 있었다. 사회자본을 사람들이 어떤 목적을 지향하는 행위의 성공 가능성을 높이려고 할 때 동원할 수 있는 사회적 관계라고 본 제임스 콜먼James Coleman이나, 사람들이 협력함으로써 공유한 목적을 보다 효과적으로 성취하도록 만드는 연결망, 규범, 신뢰와 같은 사회조직의 특징으로 정의한 로버트 퍼트넘Robert Putnam이 대표적이다.

사회자본을 사람들의 지속적인 관계나 다소 제도화된 관계의 자원으로 정의하고, 어떤 집단에 소속하여 이익을 얻을 수 있는 동원 가능한 사회적 연결망이라고 본다는 점에서는 부르디외도 이들과 견해가 크게 다르지 않은 것처럼 보인다. 그러나 부르디외는 사회자본이 여타의 자본 형식과 마찬가지로 사회적 불평등에 영향을 미치는 자본으로 기능한다는 점에 관심을 집중한다. 부르디외는 사회의 연고주의 논쟁에서 제기되었던 강한 유대와 약한 유대, 폐쇄성과 개방성 같은 관계의 속성에는 관심을 두지 않는다. 그는 사회자본이 그 관계적 특성 때문에 항상 유동적이며, 지속적인 관리가 필요한 네트워크 자원임에 주목한다. 그는 오늘날에도 교류범위에 있어 폐쇄적인 전통사회의 잔재가 존재하지만, 사람들은 사회자본의 불안정성 때문에 제도적 토대에 의존하려는 경향을 갖는다고 강조한다.

사회자본은 자연적으로 주어지는 것이 아니라 특정한 관계 형성을 겨냥한 투자 전략을 통해서 형성된다. 사람들이 특정 집단에 소속됨으로써 얻을 수 있는 이익은 그 집단을 가능하게 해 주는 기초라 할 수 있다. 사람들은 사회자본을 얻기 위해서 어떤 집단 또는 연결망에 참여하여 물적, 비물적 자원을 투자한다. 따라서 사람들이 집단에의 소속을 위해서 투자한 노력의 성과는 다른 형식의 자본과 교환되어 사용할 수 있어야만 한다.

사회자본은 필요한 경우 사용할 수 있는 관계의 연결망이기 때문에 다른 자본 형식과 결합하여 수익을 창출할 기회를 높여 준다. 사회자본을 규정하는 상호 인정의 기준은 대체로 특권, 평판 등으로 인식되고 정당화되는 상징자본과 긴밀하게 연관되어 있다. 또한 경제자본, 문화자본 등 여타의 다른 자본 형식과 연계되어 이익을 배가하는 효과를 가져다준다. 따라서 소유한 사회자본이 포괄적일수록, 경제자본과 문화자본의 투자에서 얻을 수 있는 수익의 기회도 높아진다.

부르디외에 따르면, 사회자본은 사람들의 관계, 지위, 친구 등의 특성에 기초하여 형성되기 때문에 그 속성상 고유한 소멸의 위험성을 가진다. 그는 이것을 세 가지 덫으로 설명한다.

우선, 인간관계에서는 매우 흔하게 상대방에게 기대하는 행위의 논리가 부정됨으로써 '관계의 덫'에 빠질 수 있다. 사람들이 아무리 영리한 전략에 기초해서 행위를 한다고 하더라도 계약에 기초하지 않은 사회적 관계는 그동안 상대방으로부터 받은 도움을 외면할 수 있는 위험성을 항상 가지고 있다.

또한 관계의 불균형성으로 인해서 상대방보다 지위가 낮은 사람은 그 관계에 대해 지나치게 많은 노력을 기울임으로써 '지위의 덫'에 걸릴 수 있다. 사람들의 상호 관계는 대부분의 경우 불평등한 권위와 권력의 관계에 놓여 있다. 사회적 위치나 중요도에서 차이가 나는 사람들이 만나서 상호 관계를 형성할 경우, 대체로 낮은 지위의 사람이 높은 지위의 사람보다 그 관계를 통해 더 큰 이익을 얻을 가능성이 있다고 여겨진다. 이런 관계는 불균형적인 의존성을 초래하게 된다.

그런데 근본적으로 사회자본의 체계적 제약 그 자체가 소멸의 위험성을 내포한다는 점을 이해할 필요가 있다. 사회자본은 어떤 경제적 이해관계에 기초한 거래 관계가 아니라 순전히 인간적 관계로 맺어지는 연결망이라는 데 그 위험이 내포되어 있다. 경제적 계산의 관계로 되돌아갈 수 없는 친분이나 우정이라는 인간적 관계의 지점에 이르면 손실을 감내해야 하는 경우가 발생할 수도 있다. 우정의 관계는 손익계산의 관계가 아니라고 간주됨으로 인해 어떤 세속적인 도움을 기대하지 않는 것으로 인식될 수 있기 때문이다. 그로 인해 경제적 이해와 내적 우정 사이에 균형 잡힌 행동을 하지 못하는 '우정의 덫'에 걸릴 수 있다.

그런데 부르디외의 사회자본 관점에서 보면 학연, 지연, 혈연 등과 같은 연고주의는 공적 신뢰보다 사적 신뢰를 강화하는 부정의함으로 인해 극복되어야 하는 어떤 것이 아니다. 사회자본의 효과는 집단의 유형이나 연결망의 특성을 통해서 판단될 수 없으며, 집단이 추구하는 목적의 성격을 통해서도 충분하게 포착되지 않는다. 사회자본의 효과는 단순히 연결 망의 유형, 밀도, 범위로 환원될 수 있는 요소가 아니다. 그것 은 어떤 규범적인 것이 아니라, 단지 소유자가 어떤 목적에 투 자하는가에 따라 성과를 내는 자본일 뿐이다. 따라서 부르디 외는 학연, 지연, 혈연 등과 같은 연고 관계도 그것을 어디에 어떻게 투자하느냐에 따라 공적으로 유용한 성과를 창출하는 자본으로 활용될 수 있다고 보았다.

평판과 인정

부르디외는 알제리 사회에서 자본주의적 행위양식과 전 혀 다른 원주민들의 생활양식을 관찰할 수 있었다. 그에게 식 민지 원주민들의 실천적 선택에서 흥미로운 것은 원주민들 이 경제적 계산보다 명예와 위신을 우선하는 독특한 행위 성 향을 보인다는 점이었다. 경제적인 여유가 없는 상황에서도 계산적 행위보다 전통적인 가치를 더 크게 고려하는 원주민 들의 실천양식은 합리적인 행위로 보이지 않았다. 부르디외는 알제리 원주민들에게서 나타나는 이러한 행위를 특권, 명예, 신용과 같은 '상징적 가치'를 교환하는 거래 행위로 개념화한다.

당시 알제리 사회에는 외부에서 도입된 자본주의 경제와 여전히 존속하는 전통적인 '상징적 경제'가 공존했다. 그러한 알제리의 사회적 환경은 오래전에 베버가 보았던 독일의 전통적 농촌 지역의 경제 상황과 유사한 것이었다. 타산적 계산을 금하고 명예를 우선시하는 원주민의 행위 성향은 이익 산출을 지향하는 자본주의적 행위 기대가 사회 전반으로 확산되는 데 장애로 작용하였다. 이는 사회의 물질적인 경제적 구조는 문화적 지향과 결합해서만 실현될 수 있다는 베버의 테제를 지지해 주는 사례였다.

부르디외는 계산적 행위 지향을 강제하는 물질적 경제 행위와 더불어 문화적인 상징적 가치에 의존하는 실천 행위 역시 독자적인 논리를 가진 또 하나의 경제라는 관점을 정립하였다. 그가 보기에, 전통적인 규범적 가치를 추구하는 원주민들의 행위 지향은 결코 비계산적인, 비경제적인 행위가 아니었다. 그것은 오히려 행위 결과의 상징적 가치를 고려한 합리적인 계산적 행위로, 또 다른 하나의 경제적 행위임이 분명했다. 비물질적인 문화적 가치에 의존하는 상징적 경제는 실물에 기초하는 물질적 경제와 더불어 자체의 독자적인 논리를 가진 또 하나의 경제 영역으로 다루어야 할 필요가 있었다.

부르디외는 명예, 권위, 신용 등 상징적 경제의 거래를 포착할 수 있는 이론적 장치로 상징자본 개념을 추가한다. 상징자본은 사회적 인정에 의해서 생성되는 가치에 기초한 자본 형식이기 때문에 단순히 행위자의 교류에 의해서 형성되는 것이 아니다. 어떤 집단에서 오랜 상호작용을 통해 좋은 평판을 유지하여 명예와 위신을 얻게 되는 경우도 있지만, 실제 안면이나 교류가 없는 관계인데도 한쪽에서 일방적으로 제공할 수 있다는 점이 상징자본의 특징이다.

상징자본은 사람들이 가진 소유물이나 생활양식에 대한 사회적 인정에 의해서 얻게 되는 명예, 권위, 신뢰 등과 같은 비물질적 가치이다. 그것은 베버가 사회불평등과 관련해서 주목했던 신분Status 개념과 관련이 있다. 부르디외가 보기에 신분은 전통사회에서뿐만 아니라 근대자본주의 사회에도 여전히 존재한다. 근대사회에서 신분은 자본의 소유와 직업 지위,

그리고 그것에 기초해서 생성되는 생활양식에 대한 사회적 인정에 의해서 형성된다.

그러므로 사회적 평판이나 명예는 그 시대 대중들이 지향하는 가치에 따라 달라진다. 과거에는 엄청난 경제자본을 가진 기업주나 큰 학문적 성취를 이룬 사람, 종교지도자 같은 이들이 존경과 선망의 대상이었다면, 최근에는 운동선수나 연예인들이 그 자리를 차지한다. 한 가지 새로운 현상은 명예나 존경과는 별개로 영향력이라는 측면에서 대중들에게 큰 힘을 발휘하는 이들의 등장이다. 소위 인플루언서influencer나 셀럽celeb이라고 불리는 이들은 특별한 직업적 지위나 이력을 갖고 있지 않더라도 대중의 관심을 유도하는 콘텐츠를 활용하여 자신의 명성을 쌓는다. 상징자본이 곧바로 경제자본 획득으로 이어지는 통로들이 다수 생겨나면서, 이들은 유명세를 얻기 위해 분투하고 대중들에게 동조와 지지를 직접적으로 호소하는 적극적인 태도를 보인다.

사람들의 생활양식은 사회적 인정을 초래하며, 상징자본을 생성하는 중요한 요소다. 예컨대, 경제적으로 부유한 사람은 자선과 같은 활동을 통해서 사회적인 존경을 얻을 수 있고, 높은 문화적 역량을 가진 예술인은 명성이라는 사회적 인정을 생성한다. 이처럼 상징자본은 경제자본, 문화자본 등과 같은 다른 자본 형식의 효과를 배가시킨다.

상징자본은 어떤 의도나 강제에 의해서 생성되는 것이 아니라 순전히 사람들의 자발적인 동조에 의해서 생성되는 자본이다. 대중들이 가지는 존경과 인정은 사회적 영예와 위광을 생성함으로써 상징자본을 창출한다. 그런데 대중들은 자신이 환호하는 인물들에 대해 잘 안다고 생각하지만 사실은 잘 모른다. 잘 모르기 때문에 열광할 수 있는 것이다. 상징자본은 사회적 장에서 나타나는 참여자들의 인정에 전적으로 의존한다는 점에서 한편으로는 한순간에 쉽게 돌변할 수 있다는 속성을 가진다.

계급의 재생산

사람들은 태어난 이상 어쩔 수 없이 사회적 장의 게임에 참여하게 된다. 그런데 사람들마다 애초에 분배된 게임머니가 다르다. 대부분의 사람들은 그것이 문제라고 생각하기보다는 어쩔 수 없는 일이라고 운명적으로 받아들인다. 그때그때 대응해야 하는 당장의 일상의 문제들에 붙잡혀 있는 보통의 생활인들이 문제를 인식하고 해결해 나갈 결심을 하기는 현실적으로 어렵다. 부르디외의 자본 개념은 구체적으로 우리 각자가 무엇을 가지고 있고, 무엇이 부족한지 쉽게 파악할 수 있게 해 준다. 경제적인 측면으로 제한해서 고려했던 종래의 자본 개념으로는 보이지 않던 것들이 부르디외의 자본 개념을 통해서 현실적이고 구체적으로 모습을 드러낸다. 불평등하게 분배된 자본에 대한 이해는 사회불평등에 대한 이해로 이어진다. 부르디외가 자본의 구체적인 내용이 아닌 자본의 작동 원리와 그 결과에 관심을 두었던 이유다.

초기 자본주의 사회에서는 생산수단의 소유가 경제자본의 기초였고, 계급 위치를 결정하는 주요 지표였다. 그러나 고도로 제도화된 오늘날의 사회에서, 경제자본 지표는 단순히 생산수단의 소유로 환원되지 않는다. 주택 인테리어, 자동차 모델, 즐겨 먹는 메뉴, 휴가를 보내는 방식 등 다양한 일상적 요소들을 그저 그 사람의 경제적 위치로만 설명할 수는 없다. 사회적 출신 배경, 직업 경력, 사회적 위신 등과 같은 비물질적 자본 형식이 경제자본 못지않게 사회불평등 구조에 영향을 미친다.

그런 의미에서 부르디외의 생활양식 연구는 기존 계급이론에 대한 비판적 수정의 의미를 가진다. 그는 자본 소유에 기초해서 구분되는 계급구조와 그것에 상응하는 생활양식의 공간을 결합하여 계급재생산이론을 제시한다. 사람들의 취향은 소유한 물적, 비물적 자본 소유에 기초하지만 현실의 계급은 소비 영역의 취향을 통해 생성되는 생활양식을 통해서 드러난다. 이처럼 취향의 형성은 사람들의 소유 자본에 의해 영향을 받는다. 소유한 자본의 크기와 특성이 생활양식의 생성에 영향을 미치기 때문이다.

문화자본, 사회자본, 상징자본 등의 형태로 나타나는 비물질적 자본은 사람들이 지위를 얻고, 안정될 수 있는 주요한 수단이다. 각 자본은 고유하고 독립적인 작동 원리를 가지고 있지만, 서로 교환되고 강화할 수 있는 관계다. 사회의 변화에 따라 자본의 상대적 위상도 변화하고 그에 따라 사람들의 관심도 움직인다. 학위 같은 증서가 경제의 장에서의 경쟁에 미치는 영향이 커짐에 따라 지배계급의 재생산 전략은 점점 더 교육제도가 보증하는 문화자본에 의존하는 경향을 보인다. 교육자본 없이는 일정 수준 이상의 직업집단의 일원이 될 엄두를 낼 수 없고, 힘겹게 학위나 자격증을 획득하더라도 사회가 요구하는 등급에 미치지 못하면 별 의미가 없다. 점점 더 치열해지는 경쟁 속에서 교육 기간과 비용은 더욱 늘어나고 교육격차는 날로 커지는데, 여타의 문화자본이나 경제자본, 사회자본의 지원 없이는 경쟁력 있는 유의미한 교육자본을 확충하기 어렵다. 현대사회에서 사람들이 교육자본 획득에 매달리는 이유는 교육자본의 획득을 통해 다른 자본을 획득할 수 있을 것이란 기대 때문이다. 그러나 곤궁한 가정의 자녀들에게는 힘겹게 허락되는 교육자본이, 이미 교육자본을 비롯한 여타 자본을 풍족하게 소유하고 있는 가정의 자녀들에게는 비교적 손쉽게 주어진다는 점을 부르디외는 지적한다. 사회불평등 문제의 가장 심각한 폐해는 바로 대물림된다는 것임을 그는 강조한다.

고도로 분화된 사회의 장에서 사회적 출신과 자본의 관계는 복잡하게 나타난다. 가족의 출신 배경과 문화자본이 계급의 재생산에 미치는 영향력이 커지고, 믿었던 교육제도도 사회

이동의 통로가 되는 것이 아니라 오히려 계급구조의 재생산에 기여한다.

부르디외가 거듭 강조하였듯이, 생활양식은 단순히 자본의 소유로부터 생성되는 결과에 그치지 않는다. 그것은 상징자본을 생산하고, 구별짓기의 기제로 작용하면서 계급재생산 전략의 주요 자원으로 활용된다. 자본의 소유와 생활양식 사이의 상호 순환적 관계는 계급재생산 기제의 주요한 특징으로 나타난다. 그런 점에서 사회불평등 문제는 자본의 구성, 체화된 아비투스, 생활양식에 대한 연구를 통하지 않고서는 총체적으로 접근할 수 없다는 점이 분명해 보인다.

6

계급과 생활양식

부르디외가 학자로서 가장 관심을 기울인 주제는 '사회불평등'이다. 사회불평등의 문제는 곧 계급의 문제다. 근래 들어 계급이론을 둘러싼 논쟁에서 가장 중요한 쟁점은 '사회계급이 경험적 집단으로 확인 가능한가'이다. 부르디외는 계급의 존재를 부정하는 개인화 테제에 대한 비판적 논거를 제시하고, '사회 공간' 모델을 통해 살아 있는 계급의 실체를 입증하려고 시도한다.

계급은 없다?

사회학에서 계층과 계급 개념은 사회불평등 연구의 핵심적인 이론적 자원이다. 그런데 그간 이 두 용어는 그 개념적 차이에도 불구하고 빈번하게 혼용되는 경향이 있었다. 흔히 마르크스는 계급론, 베버는 계층론이라는 대립적인 구도를 상정하지만, 이 역시 두 이론에 대해 심도 있는 분석을 거치지 않은 편의적인 구분일 뿐이다. 일례로, 계층 개념에 기초한 연구들은 베버가 제시했던 경제, 위신, 권력 등 다원적 요소를 포함하여 사회불평등 문제를 분석하지만, 정작 베버가 대표적 저서인『경제와 사회』에서 다룬 것은 계층이 아닌 계급 개념이다. 이렇듯 잦은 혼란을 고려하면 계층과 계급, 두 용어 사이의 개념적 차이를 명확히 할 필요가 있다. 두 개념 사이에는 단순히 용어상의 문제가 아니라 분명한 이론적 간극이 존재하기 때문이다.

전통적 개념에서 '계층'은 소득, 직업 지위, 학력 등 다양한 변수를 조작하여 측정한 통계적 범주의 집단이다. 그러므로 계층은 현실에서 실질적인 행위자 집단으로 발견되지 않는다고 하더라도 이론적 비판의 대상이 되지는 않는다. 그런 점에서 부르디외는 계급을 확인하려는 의도라면 전통적인 계층론적 접근으로는 가능하지 않음을 분명히 한다. 또한, 종래의 계층연구는 수입, 학력, 직업 등 개인의 객관적 특징들을 조합하고, 이를 토대로 어떤 직업의 특권을 다른 직업과 비교함으로써 그 위신의 정도를 평가하려는 경향이 있는데, 이러한 접근 방식은 인과에 대한 착각에서 비롯되었다고 지적한다. 위신은 직업 지위를 인정받기 위해 이미 선행된 상징투쟁의 결과이며, 역으로 위신은 직업을 차별 짓는 객관적 기제로서 이미 기능하기 때문이다. 부르디외는 기존의 계층이론은 직업 지위가 계급 위치의 결과이자 전제임을 간과하고 있다고 비판한다.

반면에 마르크스 이후 계급 개념은 공동의 집단적 의식과 태도를 지닌 구체적인 행위자 집단을 의미한다. 따라서 계급 개념은 현실에서 구체적인 행위자 집단으로 확인되어야만 이론적 타당성을 인정받을 수 있다. 계급이론의 비판자들은 행위자 집단으로서 계급이 발견되지 않는다면 더 이상 계급 개념은 분석적 도구로서의 의미가 없다고 주장한다. 과거에는 계급 개념 자체에 대한 해석을 두고 이론적 논쟁이 있었다면, 현재는 계급 개념이 불평등 문제를 이해하는 데 있어 여전히 유용한가, 더 나아가 계급이라는 것이 아직 있기나 한가라는 계급 개념 무용론과 그에 맞서 계급의 존재를 가시화하려는 시도들이 분투하고 있다.

부르디외의 관점에서 보면 전반적으로 계급 갈등으로부터 출발해서 근대사회의 구성과 변화에 그것이 가지는 결정적인 역할을 보여 주는 마르크스의 계급이론의 기여는 여전히 존재한다. 그럼에도 부르디외는 자신의 계급이론에 한 계급에의 소속은 단지 개인의 생산수단 소유 내지는 노동력 소유를 통해서뿐만 아니라 개인적인 생활양식에 의해서도 규정된다는 베버의 조언을 수용한다.

부르디외가 보기에 베버가 지적했던 계급, 신분, 권력 등과 같은 요소는 조작적 정의를 통해서 구축되는 이론적 계급이며, 이렇게 이론적으로 구성된 계급 범주를 실제 살아 있는 집단으로 확인할 수 있는 유일한 방법은 그것이 외적으로 표출되는 집단적 생활양식을 관찰하는 것이다. 만일 이론적으로 구성한 계급 범주로부터 직접 계급의식을 장착한 행위자 집단을 도출하려고 한다면 그것은 불가피하게 실패할 수밖에 없다. 부르디외는 그러한 시도를, 실제 살아 있는 행위자 집단으로서의 계급을 이론적으로 구성된 계급으로 물화시키는 지식인 중심주의라고 비판한다. 베버의 지적처럼 소득, 위신, 권력 등과 같은 소유의 측면은 이론적으로 계급을 구성할 때 준거하는 조작적 변수들일 뿐이다. 오히려 현실에서의 행위자 집단은 사회적 평가로 구분되는 생활양식의 차이로만 나타날 수 있다. 이는 계급이란 '소유가 존재로 전화되어 생활양식으로 표출'되는 한에서만 관찰될 수 있음을 의미한다. 그런 점에서 부르디외는 '계급실천'을 사회경제적 위치에 기초해서 직접 도출하려는 야심을 기존 계급이론이 범하고 있는 가장 큰 오류라고 지적한다.

주지하듯이, 부르디외에게 소유란 단순히 전통적인 경제자본을 의미하지는 않는다. 오늘날의 사회에서 노동력의 가치는 점점 더 문화적 규정에 의해서 정의되고 있다. 따라서 오늘날의 사회불평등 연구는 물질적 소유와 더불어 상징 차원의 불평등을 고려해야만 한다. 부르디외는 이를 위해 전통적인 자본의 개념을 확장하면서 동시에 노동력의 문화적 규정을 둘러싼 '상쟁' 그 자체가 계급을 재생산하는 중요한 계급실천의 한 요소가 되고 있음을 강조한다.

우리가 사용하는 용어와 기호는 결코 현실 사회를 엄밀하게 구현하지 못한다. 사회구조를 이론적으로 구성하는 용어의 체계는 항상 객관적 분배 구조에 대해 상대적인 자율성을 갖게 된다. 계급의 구분도 단지 학문적으로만 이루어지는 것이 아니라, 사람들이 일상생활 속에서 구별적 실천형식을 만들어 내며 동시에 구별짓기를 함으로써 가능한 것이다. 사람들의 이러한 일상적 구별짓기는 의식적·무의식적으로 사회세계의 형성과 변화에 기여한다.

사회계급의 이론적 규정에서 절대적인 독립변수란 있을 수 없다. 계급이란 사람들의 '관계'의 구조에 의해서 규정되며, 모든 독립변수는 그 자체가 이미 이러한 관계적 구조의 결과이다. 이는 구조의 규정 요소가 구조를 재생산한다는 순환적인 인과 연관을 의미한다. 달리 표현하면, 구조의 재생산에서 계급 구분의 기준으로 기여하는 모든 특성은 그 계급 규정의 요소가 된다. 따라서 우리가 어떤 계급에 대하여 말하고자 한다면, 우리는 그 계급의 객관적 특성들이 어떻게 행위자들에 의해서 재생산되는가를 설명해야만 한다.

부르디외의 계급재생산 분석의 열쇠는 아비투스 개념이다. 누차 설명하였듯이, 이는 개인적인 인성이나 태도를 지칭하는 것이 아니라, 개인의 주관적 사고, 인성, 의식을 제한하는 집단적 성향, 즉 집단적 무의식을 뜻한다. 아비투스는 다양한 사회적 장에서 조응하는 실천형식을 생산하고, 그에 따라 집단적으로 구별되는 생활양식을 생성시키는 내적 기제라 할 수 있다. 따라서 우리는 아비투스가 객관적 계급을 재생산하는 만큼에 한해서만 실재적 사회계급에 관하여 말할 수 있을 뿐이다.

부르디외는 전통적 계급이론의 실체주의적, 객관주의적인 전통을 거부한다. 사회계급은 단순히 어떤 개인이 생산관계에서 점하고 있는 위치에 따라서 규정되지 않기 때문이다. 어떤 한 집단을 구성하는 개인들은 의도하든 그렇지 않든 필연적으로 서로 상쟁적 관계에 들어서게 되고, 이 관계는 행위자의 위치 및 지위의 차이를 논리적·체계적으로 드러내며 그것을 구별 가능한 특성들로 변화시킨다. 계급은 '존재' 자체로뿐만 아니라 '인지된 존재'를 통해서 규정된다. 그러므로 어떤 계급을 규정하고자 할 때는 단순히 생산관계에서의 그 위치만 가지고 판단해서는 안 되며, 그 상징 관계의 차원을 함께 고려해야만 한다.

이처럼 부르디외는 집단행위의 상징 차원의 문제를 제기함으로써 계급실천 연구를 위한 새로운 시각을 제공한다. 실천이란 기존의 계급론자들이 주장해 왔던 의식적으로 행해지는 실천이 아니라 사람들이 일상에서 의식적·무의식적으로 수행하는 활동들이다. 이들의 의식은 어떤 계급 존재에 대한 성찰적 의식이 아니라, 경험을 통해서 얻은 일상적 인지양식이다. 일상적 실천은 사회구조를 지속적으로 재생산하는 활동일 뿐만 아니라, 주어진 사회적 조건을 끊임없이 변화시켜 가는 실천적 활동이다.

부르디외는 사람들이 가지고 있는 의식 내용 자체가 아니라 왜 그들이 그러한 의식을 가지게 되었는가 하는 발생론적 질문을 던진다. 그는 극히 개인적인 것으로 여겨지는 취향조차도 타고난 특성이 아니라 사회적으로 형성된 성향임을 강조한다. 사람들이 일상적으로 적응해 가면서 얻는 생활양식은 계급(불평등)구조의 결과이자 동시에 계급(불평등)재생산의 요소이다. 부르디외는 '구별짓기'라는 생활양식 연구를 통해서 살아 있는 계급의 실체에 다가갈 수 있는 실마리를 제공한다.

종이 위의 계급

마르크스 이후 계급이론은 근대 자본주의 사회의 구조적 문제로부터 발생하는 사회불평등 문제를 다룰 수 있는 중요한 이론적 수단이었다. 마르크스주의 전통에서 발전한 계급이론은 주로 생산관계에 기초한 이해관계의 대립과 그로부터 도출되는 사회변동에 초점을 두었다. 따라서 이들은 존재 조건으로부터 도출되는 계급의식을 해명하기 위해서 '즉자계급卽自階級, Klasse an Sich'과 '대자계급對自階級, Klasse für Sich'을 구분한다. 객관적 조건에 의해서 규정되는 즉자계급에서 그러한 조건을 성찰적으로 의식할 수 있는 대자계급으로 성숙하는 것을 가정함으로써 자연스럽게 계급의식 연구로 나아간다. 이들은 객관적인 계급적 조건에 의해 규정되는 즉자적 노동자계급이 본래의 이해관계를 인식하고 자본가계급에 대해 대립적 인식을 갖게 됨으로써 진정한 의미의 대자적 계급으로 발전한다고 보았다. 그러나 부르디외는 이와 같은 구분을 거부한다. 그가 보기에 계급실천에 관한 이러한 설명은 두 가지 오류를 범하고 있다.

우선, 노동자계급이 자신의 객관적 이해관계를 제대로 파악하지 못하고 비합리적인 행위를 한다는 가정이다. 부르디외가 보기에 노동자는 이론적 지식을 갖추지는 못했더라도 자신의 생활을 유지하기 위한 실질적이고 구체적인 지식을 가지고 있다. 그들은 제한된 정보 내에서 자신의 논리와 관점을 가지고 그때그때 직면하는 상황에 대처한다. 부르디외는 그들이 일상적으로 직면하는 상황에서 결정하는 실천 논리의 특성을 설명하기 위해 실천이성과 이론이성을 구분한다.

노동자들의 실천 논리는 이론이성에 기초한 연구자들의 관점과 상이하다. 노동자들은 다급하게 직면한 실천의 상황에서 선택을 위한 결정을 해야 하며, 따라서 언제나 그들의 실천은 시간적 강제 안에서 이루어진다. 예컨대, 노동자들이 임박한 노동쟁의에 대한 태도를 결정해야 할 때, 그것은 매일매일 해결해야 할 자신과 가족의 생계가 달려 있는 절박한 문제로, 시급하게 당장 결정해야만 하는 실천의 시간적 맥락에 서 있다. 이는 노동쟁의가 자신의 삶과는 관계가 없는 학자들의 이론적 실천의 맥락과는 전혀 다른 실천의 환경이다. 따라서 그들의 선택은 시간의 강제로부터 벗어나 있는 학자들의 이론이성과는 전혀 다른 실천이성의 관점에서 이루어진다.

대체로 노동자들은 학자들이 말하는 이론적 대안에 대한 확신할 만한 정보와 지식을 가지고 있지 못하다. 그들은 제한된 정보와 지식의 한계 내에서도 체화된 아비투스에 근거해서 나름의 실천적 대응을 도모한다. 부르디외는 아비투스가 의식적·무의식적인 실천의 생성도식이기는 하지만, 우리의 일상적 실천에 있어서는 4분의 3 정도가 무의식적인 행동이라고 설명한다.

부르디외는 흔히 '즉자적'이라는 용어로 표현되는 노동자의 객관적 위치는 단지 연구자가 '종이 위에' 재구성한 이론적 계급일 뿐이라고 지적한다. 그로부터 실재하는 집단으로서의 계급의식을 직접 도출하려는 시도는 필연적으로 실패할 수밖에 없다. 소위 진정한 계급의식을 가진 '혁명적' 계급이란, 정치적 이슈가 생기고 그에 대한 실천적 대안이 가시화될 때 나타날 수 있는 특수한 상황의 '동원계급'을 의미할 뿐이다. 그간 계급이론이 '대자계급'의 존재를 확인하는 데 실패한 것은, 계급이 더 이상 존재하지 않아서가 아니라, 연구자의 이론이성과 일상적 행위의 실천 논리를 혼동하는 근본적인 결함 때문이다.

부르디외가 보기에, 기존의 전통 계급이론이 범하는 또 다른 오류는, '계급이 다르다는 것'은 그 집단을 구성하고 있는 사람들의 성향이 다른 집단에 소속된 성원의 그것과 상이하다는 것을 의미한다는 점을 간과한다는 것이다. 부르디외는 계급이 다르다는 것은 상이한 체험을 통해서 다르게 신체화된 아비투스를 가지고 있다는 것을 의미한다고 강조한다. 따라서 실재하는 계급의 존재를 확인하기 위해서는 단순히 연구자의 관점에서 바라본 차이가 아니라, 사람들 스스로가 실천의 장에서 드러내는 아비투스의 차이를 확인할 수 있어야만 한다. 집단적으로 상이한 아비투스의 차이가 경험적으로 논증되지 않는 한에서는 계급의 존재에 대해서 주장할 수 없다.

부르디외에 따르면, 계급은 살아 있는 집단으로서 확인 가능한 한에서만 실재한다고 주장할 수 있다. 기존 계급이론의 문제는 연구자가 재구성한 '종이 위의 계급'을 곧바로 실재하는 계급으로 오인한 논리적 비약에서 기인한다. 우리는 이론적으로 구성된 종이 위의 계급과 실재하는 집단과의 일치성을 계급의 개념적 틀에 맞춰 쉽게 가정해서는 안 된다. 사회구조는 항상 개인 또는 집단 간의 관계를 의미하며, 그때그때 실천을 통해서 끊임없이 재구성되는 한에서만 재생되고, 또한 그런 한에서만 실재할 수 있다. 따라서 사회구조의 재생산은 곧 계급구조의 재생산을 의미한다.

계급적 무의식

우리는 계급을 실제로 어떻게 확인할 수 있는가? 부르디외에 따르면, 계급 아비투스에 대한 경험적 확인은 아비투스로 인해서 생성되는 실천의 결과를 조사하여 확인함으로써만 얻을 수 있다.

아비투스는 계급별 실천형식의 주관적인 분류체계이며, 동시에 객관적으로 구분이 가능한 실천형식을 생산하는 원리다. 그것은 논리적 계급 구분의 원리일 뿐만 아니라, 행위자의 인식의 기초에 놓여 있는 실천의 생성 원리이다. 아비투스는 어떤 학문적인 구분에 지나지 않는 것이 아니라 사람들이 만드는 구분 가능한 실천형식을 가리킨다. 따라서 우리가 실천 형태 자체를 있는 그대로 파악하고자 하면 불가피하게 생활양식과 상징의 구조를 놓치게 된다. 이 두 요소를 결합하기 위해서는 실천의 통일적인 생산 원리, 즉 계급적 지위가 체화된 계급의 아비투스를 잡아내야만 한다.

주지하듯이, 아비투스 개념은 취향의 개념과 깊이 맞물려 있다. 아비투스는 객관적 조건과 주관적 실천형식 사이를 매개한다. 객관적 조건은 정보, 행동 방식, 요구, 시간 등을 제한하면서 허용한다. 이러한 삶의 존재 조건은 경험 속에서 상이한 아비투스를 생성하며, 이를 통해 실천형식들은 차이를 갖게 된다. 이때 취향은 사물을 구별적 기호로 변화시키는 실천의 실행자로서, 객관적으로 분류되는 실천형식들을 상징적으로 구별되는 의미의 차이로 변화시킨다. 이렇게 해서 성향은 특정 계급의 사회적 지위의 표현, 즉 외적으로 드러나는 생활양식으로 사람들에게 인식된다.

취향은 물적·상징적 습득 성향이자 능력이다. 그렇기에 행위자의 사회적 지위를 체계적으로 나타내는 차별적 특성의 기초에 놓여 있다. 이는 객관적으로 분류되는 실천형식들을 그 상호 관계 속에서 보여 줌으로써 사회적 지위를 상징적으로 드러내 준다. 이처럼 취향을 통해 드러나는 상이한 생활양식은 일상에서 상징적으로 인지된다. 사회적 지위는 도덕적 표현, 미학적 감각, 문화상품에 대한 접근에서 의식적·무의식적으로 드러난다. 예컨대, 구독하는 신문, 즐겨 마시는 음료, 실내장식 등에는 각각의 차별적 특징들이 부여된다.

사회계급은 어떤 하나의 특성에 의해서 규정되지 않는다. 자본의 소유와 같은 결정적인 요소에 의해서 정의되는 것도,

성별, 나이, 수입, 교육 정도 등과 같은 일련의 특징들의 종합
에 의해서 정의되는 것도 아니다. 마찬가지로 그것은 생산관
계로부터 인과적으로 도출되는 일련의 특성들에 의해서 정의
되는 것도 아니다. 사회계급은 실천형식에 영향을 미치는 모
든 특성의 '관계적 구조'에 의해서 규정된다.

계급을 규정할 때, 물적인 존재 조건과 그것에 의해 강요되
는 조건화의 기본적인 규정 요소들은 우선적으로 일상의 실
천에서 사람들이 구별될 수 있도록 만들 개연성이 크다. 또한
우리는 그것과 더불어 집단적인 정치적 행동을 하게 할 수 있
는 객관적인 원인들을 잡아내야 한다. 이때 계급구조의 모든
구성 요소는 동일한 정도로 서로 의존하는 것이 아니라, 더 큰
기능적 비중을 가지는 요인들에 의해 지배된다. 예컨대, 자본
의 크기와 구성은 나이, 성별, 거주지 등의 요인들보다 우선적
으로 영향을 미친다.

사람들의 개인적인 실천은 간접적인 지식이 아니라 사회세
계에 대한 자신의 직접적인 체험에 기초한다. 사람들이 일상
에서 경험하는 감각과 지식은 구체적인 시간과 공간의 맥락
에서 지속적으로 그들의 행위, 상호작용, 태도 등을 통해서 몸

으로 체득된다. 그렇게 체득된 부분은 시간이 지나면서 행위자의 반복적인 실천을 통해 자연스럽게 체화되어 '무의식적으로' 작동하는 아비투스가 된다. 만일 우리가 사람들의 일차적인 경험과 의식의 내용을 제시하는 데 머무른다면 그것은 단지 행위자의 '마음의 상태'에 대한 표상적인 설명에 지나지 않는다.

사람들의 실천 행위는 자신들이 인지하는 것보다 더 많은 의미를 내포한다. 우리는 행위자들이 실천의 과정에서 직접적으로 인지할 수 없는 '사회적 의미'를 설명해야만 한다. 그러기 위해서는 그들의 일차적인 경험을 가능하게 해 주는 그 행위의 '조건'을 분석해야만 한다. 또한 일상 언어에 대한 비판적 성찰을 통해서 선先구성된 사회세계를 직접적으로 수용하는 오류를 극복해야만 한다. 이는 사람들의 일상적인 의식의 구성에 영향을 미치는 일상 언어에 대한 비판적 성찰을 의미한다.

기존에는, 종래의 계급이론의 관점에서 계급의식을 알아보기 위해 정치의식 조사 같은 것에 의존하는 경향이 있었다. 이러한 조사는 대체로 수입, 성, 연령 등의 변수를 근거로 계

216

층을 분류하고, 구조화된 설문지의 문항에 대한 응답을 기준으로 정치적 성향을 파악하는 방식으로 이루어진다. 그러나 사람들의 행위는 의식보다는 무의식적인 아비투스에 기초해서 생성된다. 또한 사람들의 생각은 불가피하게 불명확한 일상 언어에 기초하기 때문에 자신이 생각하는 정치적 성향과 실제 삶의 모습은 다를 수 있다.

사람들의 의식과 실제 행위 사이의 논리적 관계를 해명하기 위해서는 행위의 조건과 맥락에 대한 질문을 피하지 말아야 한다. 사람들의 성향은 행위자가 보여 주는 일상적 태도와 실천을 통해서만 관찰 가능하다. 만일 연구자가 단도직입적으로 이론적으로 구성된 계급과 집단적 의식 사이의 상응성을 검증하려는 질문을 던진다면 잘못된 결과를 얻을 수 있다. 따라서 연구자는 단순하게 설문지 문항에 의존해서 행위자의 의식을 파악하려는 조사 방식에서 벗어나, 행위자의 무의식적 실천과 취향에 대한 관찰과 해석에 기초한 생활양식의 집단적 차이를 포착해야만 한다.

사회계급을 논할 때, 의식적인 측면에만 초점을 맞추는 것은 더 이상 합리적인 접근법이 아니다. 또한 생산관계의 위치에 따라 계급의식을 직접 도출하려는 이론적 구성 작업도 실제 현실 노동자의 모습을 제대로 포착할 수 없다. 우리는 실천적 무의식, 즉 노동자의 아비투스를 파악해야만 노동자와 노동자 집단의 실제 모습을 포착할 수 있다. 이는 그들의 아비투스를 매개로 해서 드러나는 생활양식에 대한 연구를 통해서 가능하다.

부르디외는 생활양식 연구를 통해서 확인 가능한 행위, 인지, 평가의 틀로서의 아비투스를 '계급적 무의식'이라고 표현한다. 우리가 이론적으로 재구성한 사회구조, 즉 '종이 위의 계급 관계'는 실천의 생성 원리인 아비투스를 통해서 생활양식으로 표출된다. 그런 점에서 아비투스는 행위자의 성향으로 볼 수 있으며, 이러한 무의식적 성향으로서 아비투스는 이론적으로 구성된 종이 위의 계급과 경험적 연구를 통해서 확인되는 생활양식을 매개해 주는 고도의 전략적 개념이다.

사회적 공간과 계급구조

그렇다면 부르디외는 어떻게 계급의 실체를 경험적으로 입중해 보이는가? 부르디외는 『구별짓기』에서 실제로 계급구조에 대한 분석 모델을 제시해 보인다. 그는 1960년대 당시 수집한 프랑스 사회의 방대한 자료를 활용해, 도면을 그리듯 도해圖解의 형식으로 '사회경제적 위치의 공간'을 작성하였다.

'사회경제적 위치의 공간'은 모든 물적·비물적 소유를 포괄하는 자본 개념을 기초로 해서 사회의 객관적 계급 위치를 이론적으로 재구성한 것이다. 일차적으로 경제자본, 문화자본, 사회자본을 포함하는 총자본의 크기, 다음으로 경제자본과 문화자본의 관계에 의한 자본의 구조, 마지막으로 자본 구조의 조합이 시간적으로 변화하는 점이 고려되었다. 이런 방식으로 구성된 추상적 공간은 자본의 구성과 총량, 그리고 변화까지 한 번에 관찰할 수 있을 것으로 기대되었다.

부르디외는 소유 자본의 구성비에 기초해서 경제자본을 수직축으로, 문화자본을 수평축으로 배치했다. 수직축은 아래쪽은 자본의 총량이 적고 상층으로 올라갈수록 자본의 총량이 커진다. 이러한 수직축은 전통적인 계층이론이 보여 주는 수직적인 위계의 불평등 구조를 상기시키는데, 부르디외는 일차원적인 수직적 위계 서열화를 벗어나기 위해 자본의 구성비가 드러날 수 있도록 수평축을 디자인한다. 수평축에 문화자본을 추가하여, 오른쪽으로 향할수록 상대적으로 경제자본의 구성이 높고 왼쪽으로 향할수록 문화자본 구성이 커지는 구조를 보여 준다. 수직축으로는 자본의 양을, 수평축으로는 자본의 구성비를 보여 줌으로써 직업집단의 입체적인 공간적 위치를 드러낼 수 있게 설계했다.

이렇게 디자인된 '사회경제적 위치의 공간' 모델에는, 우상단에는 상대적으로 거대 경제자본을 가진 직업군이, 좌상단에는 큰 규모의 문화자본을 가진 직업군이, 하단부에는 상단부에 비해 자본의 소유량이 적은 집단이 위치한다. 수평축 가운데 상단에는 경제자본과 문화자본을 균형 있고 풍부하게 보유한 안정적인 직업군이, 가운데 하단에는 반대로 어떤 자본도 가지고 있지 못한 집단이 위치한다. 예를 들어 사회의 상층계급이 위치한 우측 상단에는 기업 경영자, 좌측 상단에는 대학교수와 예술가, 가운데 상단에는 의사·변호사 등 전문직이 위치하는 식이다. 반면 어떤 유형의 자본이든 가장 적게 소유한 계급이 자리한 맨 아래 가운데에는 단순 노동자와 농업노동자가 위치한다.

　부르디외가 제시한 '사회경제적 위치의 공간' 모델은 공시적인 관점에서 전체 사회의 계급구조를 정태적으로 보여 준다. 이러한 거시적 관점의 접근은 높은 추상 수준에서 전체 사회구조를 조망할 수 있다는 장점을 제공한다. 부르디외의 모델은 그동안 수직적인 차원만을 설명할 수 있었던 계급 및 계층 모델의 한계를 벗어나, 보다 세밀한 공간적 분류를 할 수 있다는 장점이 있다. 또한 이 이차원적 공간 안에서 각각의 사회경제적 조건의 집단이 서로 얼마만큼 멀리, 또는 가까이 서 있는가를 볼 수 있다는 점에 의미를 둘 수 있다. 예를 들어, 어떤 사회적 이슈에 대해 노동자들과 태도를 함께할 수 있다고 스스로 평가하는 지식인 집단은 사실 노동자들과 가장 먼 거리를 유지하고 있다.

　사회경제적 위치의 공간의 이론적 구성은 행위자들 스스로는 인식할 수 없는 계급적 위치를 다양한 상호 관계 속에서 총체적으로 보여 준다는 데 의의가 있다. 사회적 공간 내의 위치는 자본의 배분을 통해서 주어지기 때문에, 그 위치 자체로 지배 관계가 표출된다는 점에서 또한 중요한 함의를 갖는다.

　물론 부르디외가 보기에, 이렇게 구성된 '사회경제적 위치의 공간'의 위치도 사회계급의 특징을 충분하게 드러내 주는 것은 아니었다. 왜냐하면 계급은 계층 개념과 같은 어떤 통계적인 범주가 아니라 실제 현실에서 확인될 수 있어야만 하기 때문이다. 그리고 더 나아가 이러한 거시적인 구조적 접근은 오늘날처럼 고도로 분화된 사회의 부분 영역에서 작동하는 변동의 동학을 해명하는 데는 한계를 가졌다. 그가 보기에 이론적으로 구성한 계급구조를 실재하는 집단적 계급의 관계로 논증하기 위해서는 구성적인 보완적 작업이 불가피했다.

아비투스와 생활양식

부르디외는 '공간'과 '장' 개념을 명시적으로 구분하여 사용하지 않았기 때문에 개념적 혼란을 야기하기도 한다. 하지만 그의 전체적인 이론체계에서 볼 때 '공간'은 연구자가 설명을 위해 이론적으로 재구성한 전체 사회의 구조를 공시적으로 지시할 때 적용되는 반면에, '장'은 사회의 부분 영역에서 이루어지는 구체적인 실천의 동학을 통시적으로 포착하는 데 사용된다. 그런 점에서 장 개념은 사회의 부분 영역에서 나타나는 구체적인 실천의 동학을 해명하려는 이론적 수단으로 볼 수 있다.

사회적 장은 상징투쟁이 일어나고 의미가 생성되는 생활세계의 메커니즘을 분석하기 위한 개념적 도구다. 장 이론에 등장하는 자본, 실천, 아비투스, 무의식, 상징투쟁, 상대적 자율성 등과 같은 주요 개념들은 모두 사회의 부분 영역에서 발생하는 불평등 구조의 성격과 재생산 문제를 분석하기 위한 이론적 장치들이다. 장 개념은 사회적 질서가 어떻게 다양한 사회의 영역에서 참여하는 행위자의 실천을 통해서 재생산되는가를 해명해 준다. 사회적 장의 질서는 다름 아닌 참여자들의 경쟁과 상징투쟁을 통해서 형성되며, 경쟁적 투쟁에 참여하는 사람들이 존재하는 한, 관련 장의 불평등 구조는 변화를 겪으면서 지속적으로 재생산된다.

부르디외의 '구조-아비투스-실천' 도식은 모든 사회 유형에 적용되는 일반 모델이다. 개인을 사회적 존재로 만드는 것, 즉 개인이 어떤 계급이나 집단에 속하고 있다는 사실과, 이러한 소속을 통해서 그가 경험하는 인상은 아비투스를 통해서 드러난다. 예컨대, 시골 농부의 가정에서 태어난 아이는 도시의 자본가 가정에서 태어난 아이와는 다른 아비투스를 가진다. 아비투스와 행위자의 관계는 사람의 피부처럼 서로 벗어날 수 없다. 아비투스는 가족 내에서의 초기 사회화를 통해서 각인되고, 그 신체화된 성향은 타고난 것은 아니지만 본성처럼 자연스럽게 실천을 생성한다.

아비투스는 체화된 구조로서 사람들의 행위를 생성하는 실천도식이기 때문에, 계급 소속과 행위 사이를 매개한다. 따라서 개인의 아비투스는 곧 계급의 아비투스이며, 실천을 통해 객관적인 계급을 재생산한다. 이러한 재생산은 물론 의식적 행위에 의해서 이루어지는 것이 아니다. 누차 설명하였듯이, 아비투스는 신체화되어 무의식적으로 행위를 생성하며, 그런 점에서 일종의 집단적 무의식이라 할 수 있다. 부르디외는, 계급의 성원은 동일한 아비투스를 가지게 될 개연성이 크기는 하지만, 계급 소속만으로 아비투스를 규정하기에는 충분하지 않다고 주장한다. 그는 아비투스가 사회적 지위, 출신 배경, 성별, 인종 등 많은 요인에 의해서 영향을 받을 수 있다고 설명한다.

아비투스는 실천형식의 주관적인 분류체계이며, 구별되는

실천형식을 객관적으로 생산하는 원리이다. 즉 주관적 인식의 기초에 놓여 있는 객관적인 계급 구분의 원리라 할 수 있다. 따라서 아비투스의 차이는 동일한 상황에서도 상이한 실천형식을 생성한다. 이 실천형식은 객관적인 구조에 의해서, 그리고 행위자 자신에 의해서 만들어지는 실천형식이다. 우리는 그것을 '아비투스 × 자본 + 장 = 실천'이라는 공식으로 요약할 수 있다.

부르디외는 아비투스가 생성하는 집단적 실천형식을 경험적으로 확인하기 위해서 '생활양식의 공간'을 구성했다. 이는 앞서 이론적으로 구성한 '사회경제적 위치의 공간'에 경험적으로 확인한 '생활양식의 공간'을 겹쳐 놓음으로써 두 공간 사이의 구조적 상동성을 확인하려는 이론적 시도였다. 아비투스의 외현으로 나타나는 기호와 취향은 시간이 지남에 따라서 변하기도 하지만, 유행처럼 쉽게 변화하지는 않는다. 사람들은 이렇게 쉽게 변하지 않는 취향을 통해서 사회적 의미와 평가를 얻을 수 있으며, 이러한 기호와 성향을 통해서 자신의 정체성을 표현하는 수단이 바로 생활양식이다.

부르디외는 객관적인 사회경제적 위치의 공간과 마찬가지

로 생활양식의 공간도 경험적 자료를 통계적으로 처리해서 구성했다. 생활양식의 공간은 양적인 접근보다 질적 면접 자료를 활용했으며, 앞서 구성한 사회경제적 위치의 공간 모델과 동일한 수평·수직축 위에 일상적으로 향유하는 생활양식의 기호를 표시했다. 본인과 부친의 교육 정도, 거주 지역, 자녀 수, 수입 구조 등의 변수와 취미, 여가, 음악, 음식, 예술취향 등 기호의 항목들을 위치시키는 방식으로 작성하였다.

부르디외의 공간 모델에서 생활양식의 기호는 특정한 사회적 지위에 상응하는 모습으로 나타난다. 예컨대, 자본가계급은 승마, 샴페인, 고미술 수집 등의 취향을 보이고, 의사·변호사 등 전문직 자유업에 속하는 이들은 골프와 위스키 등의 취향을 보이며, 대학교수들은 체스를 즐기고 『르몽드』지를 읽는 반면, 노동자들은 축구를 좋아하고 평범한 적포도주와 비계가 많은 고기를 즐기는 것으로 나타났다. 이러한 집단의 동질적인 생활양식은 계급적 특성을 보여 주는 유의미한 특성으로 다루어진다. 물론 부르디외의 '생활양식의 공간'의 이론적 의의는 어떤 집단이 어떤 기호를 가지고 있는가 하는 점이 아니라, 집단적인 계급적 취향의 차이가 존재한다는 사실을 확인했다는 데 있다.

'생활양식의 공간'은 사회적 위치에 조응하는 취향의 분포를 보여 주며, 이를 통해 부르디외는 1960년대 프랑스 사회 계급 분파의 생활양식에서 드러나는 집단적 차이를 확인한다. 이는 사회적 위치에 상응하는 전형적 문화소비와 생활양식의 전형적 실천들이 존재한다는 사실을 논증하는 작업이다. 다시 말하면 객관적 계급 위치와 생활양식의 상징적 형식 사이에는 일정한 체계적 관계가 있다는 것을 의미한다. 물론 이러한 상동적 관계는 논리적 필연성이 아닌 '선택적 친화력'을 의미한다.

생활양식의 공간은 사회경제적 위치의 공간과 달리 실천과 취향의 구별짓기로 표현되는 상징적 의미의 관계적 구조를 보여 준다. 이는 아비투스가 생성하는 상이한 일상적 실천과 생활양식의 차이를 드러내 준다. 객관적인 사회경제적 위치의 공간은 아비투스를 매개로 해서 생활양식의 공간의 상징적 관계와 상동성을 가진다. 또한 이 공간에서의 위치는 각 직업군에 따른 정치적 성향의 차이도 드러내 준다. 점선의 오른편에 위치한 직업군의 사람들은 정치적으로 보수적인 성향을, 왼편에 위치한 직업군의 사람들은 진보적인 성향을 보인다. 다만 이렇게 확인한 생활양식과 투표 성향 등의 집단적 차이가 계급으로 범주화할 만큼 유의미한 변별성을 갖는가에 대한 질문은 여전히 열려 있다.

부르디외는 '사회경제적 위치의 공간'과 '생활양식의 공간'의 상동성을 확인하는 대응 일치 분석이 하나의 연구 모델임을 강조한다. 그는 자신이 설계한 도해가 사회구조 또는 계급구조를 한눈에 보여 주는 마법의 구슬은 아니라는 것을 분명히 한다. 그것은 단지 사회계급에 접근할 수 있는 다양한 이론적 가능성 중에서 하나의 대안을 실천해 보여 준 모델 정도로만 받아들여야 한다고 주의를 준다. 그것은 학문의 장의 논쟁과 토론을 통해서 언제라도 극복될 수 있고, 극복되어야만 하는 하나의 이론적 실천일 뿐이다.

부르디외의 이론에서 중요한 것은 계급은 어떤 통계적 범주가 아니라 살아 숨 쉬는 행위자 집단으로서 확인되어야 하는 현실의 집단이라는 점이다. 따라서 계급의 존재를 경험적으로 확인하기 위해서는 생활양식과 같은 일상적 실천을 반드시 고려해야 한다. 부르디외의 기여는 기존의 계급이론에서

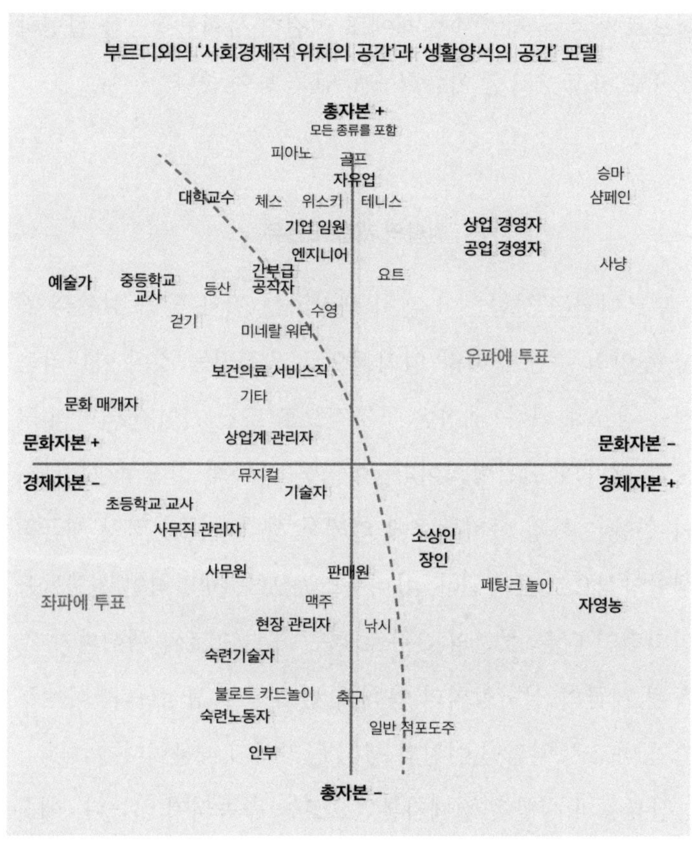

간과해 왔던 행위의 상징적 측면을 계급이론에 수용한 것이다. 그는 사회경제적 위치와 생활양식 공간의 상동성을 포착

함으로써 계급 개념이 현재에도 여전히 사회불평등을 설명하는 유효하고 중요한 이론적 수단임을 보여 준다.

취향의 계급적 은유

부르디외는 사람들이 흔히 생각하는 것과 달리 취향은 결코 개인의 주관에 따라 임의적으로 생성되는 것이 아니라는 점을 강조해 왔다. 취향은 구조적으로 조건 지어진 미학적 구분과 평가의 실천형식이다. 이러한 미학적 실천형식으로서의 취향은 특정 아비투스에 의해서 하나의 통일적인 계급적 생활양식으로 표출된다. 아비투스는 모든 개별적인 실천들을 임의적인 다른 실천의 은유로 바꾸어 줌으로써 행위자가 소속된 계급의 실천형식의 양식적 친화성을 생성한다. 아비투스가 바로 통일적인 실천의 생성 원리이기 때문이다.

상류층의 생활은 경제자본만으로는 충족되지 않는다. 예술작품을 볼 줄 아는 안목이 있어야 하고, 좋은 와인을 감별할 수 있어야 하며, 회식에서는 재치 있게 대화를 이끌 줄도 알아야 한다. 골프클럽에서는 옷차림부터 매너까지 세련미와 여유를 갖춰야 하고, 동문회에서는 유능하고 성격 좋은 사람이라는 이미지를 남겨야 한다. 사람들은 자신의 소속과 사회적 위치에 걸맞은 매너와 태도를 보이려고 노력한다. 취미나 사교 활동은 단순한 재미나 여가생활이 아니라 자본을 보존하고 증대하려는 특정한 노동 형식이라 할 수 있다.

취향은 생활양식의 기초에 놓여 있는 생성도식이며, 실천을 통해서 분류되는 물적·상징적 전유의 성향과 능력으로 드러난다. 생활양식의 체화된 도식으로 내재된 아비투스는 미학적 평가와 선택의 도식으로서 식습관, 패션, 음악취향에 이르기까지 포괄적인 문화적 실천으로 드러나며, 사회적 존재 조건 및 계급 인식과 관련하여 주관적으로 일치하는 생활양식을 실현한다.

앞서 살펴본 '사회경제적 위치의 공간'에서 이론적으로 구성된 계급적 아비투스는 '생활양식의 공간'에서도 그에 상응하는 계급적 취향 형식을 생성시킨다. '생활양식의 공간'에서 나타나는 계급 분파를 보면, 자본가·전문직·교수 등과 같은 직업군을 중심으로 한 상층계급의 생활양식에서 세 개의 상이한 취향 형식이 확인되고, 그 아래에 자리한 중간계급의 생활양식에서도 자영업·기술자·문화 매개자 직군을 중심으로 구별 가능한 세 범주의 취향 형식이 나타난다. 반면 아래쪽에 위치한 하층계급의 경우는 노동자 직군을 중심으로 하나의 유사한 실천형식이 존재한다.

상층계급의 생활양식은 사회적으로 공인된 정통적인 취향을 보인다. 이는 자유로운 문화적 소비와 사치로부터 생성되어 '구별'의 감각으로 표현되며, 그들은 비평가 등과 같은 문화적 정당화 기제를 통해서 사회적으로 정통성을 인정받은 지배적인 문화예술작품들을 선호한다. 중간계급인 프티부르주아지의 취향 형식은 야심적인 성향을 보여 준다. 대중화를 통해서 그 구별의 가치가 하락하여 쉽게 접근이 가능한 단계의 정통 문화 작품과 실천들을 겨냥한다. 정통 문화에 대한 중간계급의 선망은 교육에 대한 열망으로 나타나는데, 이는 정통 문화 작품을 소유하려는 집요한 노력 및 이러한 문화에 대한 미흡한 친숙성과 더불어 하층계급의 통속적인 문화에 대해 거리를 두려는 분명한 의지로 나타난다. 한편, 하층 민중계급의 취향 형식은 대중 취향으로 구분된다. 이들은 통속소설, 대중음악 등과 같이 문화적 정당성 기제로부터 허가받지 못한

'비정통적인' 작품과 실천들을 선호하며, 부족한 경제적·문화적 자원 때문에 불가피하게 필요한 것을 위한 결정으로 보이는 소위 '필연성의 취향'을 보인다.

생활양식은 특정한 문화적 소비와 실천으로 나타난다. 어떤 계급이 보여 주는 생활양식이 자연스러운 것이 되면, 그 계급에 대한 자원과 권한의 불평등한 배분은 적합한 것으로 수용된다. 예컨대, 하층계급은 교양 있는 언어와 세련된 의식주 습관 등과 같은 소위 고급한 생활양식이 자신들과는 맞지 않다고 스스로 부정하면서, 그것이 상류층에게 귀속되는 것이 정당하다고 인정한다. 이들의 사회적 위치는 자신들에게 가해지는 평가절하의 위협을 감수하게 하며, 자신들과 구별된 집단에게 높은 문화적, 사회적 위신을 부여하는 것을 당연하게 받아들이게 한다.

부르디외에 따르면, 흔히 생각하는 것과는 달리, 사회적 정당화 과정은 명시적인 정치적 동기와 담론적 표현 방식으로 성취되는 것이 아니다. 오히려 그것은 일상에서 인식되지 않고 암묵적으로 발생하는 과정이다. 권력은 기호, 용어, 차이, 담론 등과 같이 그것과 결합된 상징들이 정당한 것으로 관철될 수 있을 때 비로소 승인된다. 상징권력은 물리적인 힘이 아니라 인식과 의미의 수준에서 실현된다. 사람들은 높은 학력을 가지고 있거나, 엄청난 부를 가진 자산가들에게 위화감과 피해의식을 느끼기도 하지만, 한편으로는 그들을 대단하게 여기고 호감을 품기도 한다. 일상의 많은 부분에서 제약을 받는 자신들과 달리 그들이 많은 것을 누리는 것이 마땅하다고 인정해 준다.

부르디외는 '생활양식의 공간'을 통해, 일상적 생활양식의 특성과 실천 형태는 행위자들의 위치에 따라 상이하게 나타난다는 것을 확인했다. 취향의 집단적 차이와 생활양식은 행위자의 주관적 평가와 판단을 내포한다. 하지만 이러한 평가와 판단은 자의적인 것이 아니라 일정한 사회적 인식 및 구별의 틀 내에서 이루어진다. 사람들이 구별하고, 또한 구분되는 원리로서 아비투스는 사회적 조건과 위치에 따라서, 즉 사회적 계급 및 계급의 분파에 따라서 상이하게 생성된다. 그것은 서로 다른 사회집단들 사이의 구별짓기의 원인이자 결과이다. 사회적으로 지배적인 분류도식은 보편적으로 통용되어 사람들이 거의 의식하지 못한 상태로 적용되지만, 그것은 다른 집단과 구별짓는 지배집단의 아비투스에 따른 것이다.

지배와 불평등

자본주의는 역사상 그 어느 때보다 높은 생산력을 통해 우리에게 풍요를 가져다주었다. 인류는 절대적 빈곤으로부터 벗어났고, 종속된 신분이 아니라 자유로운 시민이 되어 스스로의 삶을 꾸려 갈 수 있게 되었다. 그런데 과거에는 상상할 수 없을 만큼 무한한 부를 누리는 사람들이 있는가 하면, 아사 직전의 극빈한 생활을 이어 가는 사람들이 공존한다. 자유로운 사회에서 성공이란 개인의 능력이고 빈곤은 개인의 실패로 간주된다. 혹자는 불평등은 어느 시대, 어느 사회에서나 있을 수밖에 없으며, 따라서 그것이 자본주의의 특수한 문제라고 할 수 없다고 주장한다.

부르디외는 표면적으로 드러난 빈곤의 현상 그 자체에 집중하기보다는 그것이 어디로부터 비롯되었는지, 그리고 왜 우리는 그것을 자연스럽게 받아들이게 되었는지에 대해 관심을 둔다. 그래야만 피상적이고 운명적인 접근으로 문제를 호도

하지 않고, 해소해야 할 현실의 문제로 불평등의 문제를 제대로 이해할 수 있기 때문이다.

부르디외의 불평등 연구는 종래의 계급이론을 벗어나 경제적 측면과 더불어 경제적 조건으로부터 생성되는 생활양식의 영역까지 포함하는 계급재생산이론으로 정립되었다. 자본주의가 초래하는 불평등한 삶의 물적 조건은 상이한 성향(아비투스)의 사람들을 생성한다. 그러나 물적 조건의 차이가 초래하는 불평등은 단순히 경제적 불평등에 그치는 것이 아니며, 그로부터 생성되는 신체적 성향 역시 또 다른 불평등의 요소로 만든다. 따라서 베버는 경제적 불평등을 의미하는 계급Class과 더불어 상징적 차원의 불평등을 포착할 수 있는 신분Status 개념을 제안했다. 부르디외는 이러한 베버의 통찰을 받아들여 물적 불평등으로부터 제약을 받아 생성되는 생활양식은 상이한 사회적 인정과 평가를 받으며, 이 또한 사회적 불평등을 생성하는 중요한 구성 요소라고 보았다.

부르디외가 보기에 사회불평등 문제의 심각성은, 애초부터 불공평하게 분배된 자원으로 인해 자리매김된 사회적 위치가 변화할 가능성이 있다기보다는 재생산을 통해 세대를 이어

고착된다는 점에 있다. 더불어 피지배계급은 이를 문제적 상황으로 받아들이기보다 운명적으로 받아들임으로써 문제를 문제로 받아들이지 않는다는 것 역시 위험하다.

부르디외는 프랑스 사회 지배집단의 계급재생산 전략이 교육체계에 의존하고 있다는 것을 자신의 여러 연구를 통해 보여 주었다. 그는 지배 엘리트들이 학벌을 매개로 해서 계급을 재생산하는 정황을 소상히 묘사한다. 예컨대, 프랑스 대기업의 대부분은 파리 명문학교 출신의 사업귀족들에 의해 운영된다. 그런데 이들 대부분은 경제와 정치의 장에서 지도적인 위치를 점하고 있는 가족이나 친인척들과 동문이다. 이들은 자신들이 남들보다 월등히 많이 소유하고 있는 경제적·문화적 자본의 안정을 꾀하며 사회자본을 계속 확장해 간다. 그들은 명문학교를 졸업한 후에 정치권과 대기업, 그리고 금융권을 장악한 유능한 엘리트가 되어 '국가귀족'으로 행세한다. 관행적으로 이들의 최상부에는 파리 귀족 가문의 상속인들이 자리잡고 있다. 이들은 자신들의 위치가 출신 배경이 아닌 개인적인 재능이나 역량에 기인한다고 여기며, 자신들이 누리는 것을 자기 능력으로 획득한 것으로 인식한다.

여기서 논증이 필요한 것은, 왜 소외된 사회적 행위자들은 그들에게 주어지는 더 큰 자유와 안정에 대해 인정하고, 이러한 사회적 질서를 자연스럽게 받아들이는가 하는 것이다.

전통적인 계급이론에서는, 시장화로 조직된 사회적 구조가 개별 주체에게 너무 압도적이어서, 개인적으로 변화시키기가 불가능한 것으로 인식된다고 보았다. 이로써 사회는 그 발전 경로에 영향을 미칠 수 없는 것처럼 보이는 운명적 구조를 가지게 되며, 지속적인 경제적 압력 아래서 사람들의 삶의 자율성은 제한받는다고 설명한다.

부르디외는 앞서 살펴보았던 독사Doxa 개념으로 이 문제에 접근한다. 독사는 관습적으로 의문의 여지가 없고 자명한 일상적 질서와 깊은 연관이 있다. 부르디외의 독사 개념은 사회적 지배의 차원을 포함한다. 부르디외가 독사의 원인으로 보는 것은 계급성 그 자체다. 지배계급은 자신들이 그에 상응하는 경제적, 문화적, 상징적 자본을 소유하고 있기 때문에 자신들의 지배적 지위가 정당하다는 것을 피지배계급에 성공적으로 각인하는 데 성공함으로써, 피지배계급으로 하여금 자신들의 처지가 자신들의 현저한 경제적, 문화적 결핍과 관련되어 있다고 수긍하고 순응하도록 만든다. 부르디외는 피지배 집단들이 현 권력집단의 지배가 전적으로 정당하다는 믿는다는 데 독사 개념을 활용한다. 피지배집단은 그들에게 주어진 것 외에 어떤 다른 세계를 상상할 수 없기 때문에 적극적으로 개입하기 어렵다는 것이다.

이렇게 부르디외는 독사 개념을 사회적 관계의 비가변성에 대한 피지배자의 믿음으로 보고, 그래서 피지배자들은 불공정한 경제적·문화적 자원의 분배를 자신들의 단점으로 수용하며, 지배자들의 특권적인 사회적 지위의 정당성에 대해 인정하는 것으로 본다. 사회적 관계는 하필이면 피지배집단에 의해서 그것이 사실 있는 그대로, 즉 역사적으로 변화가 가능한 것으로 인지되지 않는다고 부르디외는 설명한다.

부르디외는 사회의 혁명적 변혁을 의도하는 계급의식을 고려하지도 않지만, 계급 없는 사회의 가능성에 대해서도 분명히 배제한다. 생산력의 증대와 계급투쟁으로 계급 없는 새로운 사회로 이행할 수 있다는 유토피아적 희망이나, 사회가 세분화되고 다양한 층위가 생겨나면서 계급이라고 할 만한 게 없어졌다는 막연한 선언은 모두 부르디외의 고려 대상이 아니다. 부르디외는 종래의 계급 개념을 보완함으로써 계급투쟁이 일상의 공간에서 문화적 투쟁으로 나타나고 있음을 보여 준다. 계급투쟁은 구별짓기의 형식으로 일상의 어느 곳에서나 일상적으로 발생하며, 사회를 혼란에 빠트리지는 않으면서도 사회의 변화를 추동하고 있다고 부르디외는 설명한다.

7

프락시올로지

부르디외 연구의 궁극적 목표는 사람들이 자신의 문제를 제대로 이해하고 돌파할 수 있도록 이론적 무기를 제공하는 것이다. 우리 자신을 옥죄는 한계와 제약들이 우리 개인의 문제가 아니라 사회적으로 주어진 것이라는 점을 깨닫게 됨으로써 쉽게 순응하거나 자포자기하지 않도록 해 주는 것이 바로 부르디외가 말하는 사회학의 '해방적 힘'이다.

성찰

부르디외는 사회세계 연구에 필요하다면 학문의 경계에 연연하지 않고 서로 대립적이거나 상충되는 이론도 기꺼이 수용하고 참조하였다. 그는 항상 열린 태도로 학문적 작업에 힘을 쏟았다.

'사회적 불평등'과 '전도된 의식'에 대한 마르크스의 질문에 대해 베버가 '상징 차원의 불평등'과 '가치의 제도화'로 응답했던 것처럼, 부르디외 사회학의 과제는 집합적 오인이 무의식적으로 초래하는 사회적 불평등의 재생산 문제였다. 그리고 그에 대한 부르디외의 사회학 프로젝트는 오래전에 뒤르켐이 그랬던 것처럼 일차적으로 '계약의 비계약적 요소'에 관심을 두고 철저하게 '사회적인 것'을 '사회적인 것'으로 해명하는 작업이었다.

부르디외의 사회학은 암묵적으로 작동하는 불평등의 재생산이 어떻게 사람들에게 정당한 것으로 자연스럽게 수용되는가를 밝힘으로써 부당하게 억압받는 사회적 약자들을 대변하고, 그들이 모든 것을 자신의 책임으로 자책하게 만드는 상징폭력의 그늘로부터 벗어날 수 있도록 지원한다.

부르디외는 스스로를 표현할 기회조차 얻지 못하는 소외자들을 대변하고, 어떻게 지배이데올로기가 상징폭력을 통해서 자연스러운 규범으로 통용되게 되는가를 들춰낸다. 따라서 지배적 통념의 감추어진 재생산 기제를 드러내는 그의 사회학은 근본적으로 저항적이다. 그는 사회세계의 보이지 않는 폭력을 드러내 보여 주는 자신의 사회학이 소외된 사람들에게 심리적 임상 효과를 줄 수 있기를 기대한다.

앞서 살펴보았듯이, 부르디외는 프랑스 사회의 교육 문제를 다루면서, 학벌을 통해 권위와 정당성을 획득한 엘리트들이 대중과 접점을 잃고 프랑스 사회를 위기에 빠트렸다고 꾸준히 지적해 왔다. 또한 최상위 지식인 그룹을 형성하는 학자들은 계급, 성, 인종 등과 같은 출신 배경, 학문의 장에서의 권력 구조와 위치, 지식인주의적 편향성 등으로 인해 사회학적 시선이 흐려지고, 그로 인해 우리가 살아가는 세계의 문제들이, '실천적 해답을 요구하는 구체적인 문제'임을 인지하지 못하게 되었다고 비판한다.

부르디외는 지식인들과 정치권력자들이 평범한 사람들의 삶에 대해 너무나 무지하다는 점에 대해 한탄한다. 그리고 사람들이 일상적으로 겪는 어려움과 고통이 만성적이며, 그들의 고단한 삶이 자녀들에게 대물림된다는 것에 깊은 우려를 보낸다. 그는 지식인과 정책결정자들에게 평범한 사람들의 삶에 관심을 기울이고 그들의 삶을 어렵게 만드는 사회불평등의 문제를 우선적인 정책 과제로 다루어 줄 것을 강력히 요구한다.

부르디외는 『세계의 비참』 서문에서 "탄식하거나 조롱해서는 안 되며, 오직 이해해야 한다"라는 스피노자의 말을 인용한다. 이해하기 위해서는 제대로 알아야 하고 사람들이 자기 목소리를 낼 수 있도록 기회를 만들어 주어야 한다. 지식인들은 그들이 처한 사회적 상황을 제대로 파악할 수 있도록 이론적 도구를 개발해야 한다. 그러기 위해서 사회학과 같은 학문들은 생활세계의 은폐된 구조를 밝혀내야만 하는 것이다.

부르디외는 지식인들이 사회불평등 문제 해결에 기여하기 위해서는 지식인 중심주의적 관점에서 벗어나 자기 자신에 대한 성찰부터 해야 한다고 강조한다. 이는 연구의 대상에 대해서뿐만 아니라, 같은 인식의 맥락에서 연구자 자신과 대상에 대해 연구자가 취하게 되는 태도를 확인하는 것을 의미한다. 연구자는 사회적 위치를 통해서 규정되는 자신의 학문적 아비투스의 맹점을 의식하고, 그것을 통해서 학문적 실천의 자율적인 구성을 다시 가능하게 만들어야 한다. 그런 점에서 사회학적 자기 성찰은 자기 고유의 사유를 얻는 방법이다. 사회에 대한 학문적 인식은 성찰적이고 절제된 연구를 통해서 가능해진다.

실천

부르디외의 사회학은 객관주의적 관점에 기초한 실체주의적 접근을 거부한다. 이러한 접근은 연구자의 관점에 기초한 주관주의적 오류에 빠지게 되기 때문이다. 객관주의에 내포된 주관주의를 극복하기 위해서, 사회학은 모든 일상적 실천이 사회세계를 구성하는 요소라는 사실을 전제해야만 한다. 이는 물론 학문적 실천도 다른 일상적 활동들과 마찬가지로 사회세계를 구성하는 실천의 하나로 보아야 함을 의미한다.

사회세계는 사물처럼 경화된 구조가 아니며, 사람들의 실천을 통해 지속적으로 재구성된다. 사회학의 학문적 실천 역시 사회세계의 구성에 기여하는 다양한 실천 중 하나이다. 다만 그것은 다른 일상적 실천과 달리 사회세계를 연구하는 이론적 작업을 통해서 사회세계의 구성에 기여한다. 이러한 구성적인 이론적 인식의 한계를 간과하는 모든 학문적 태도는 직접적 인식에 대한 주관주의적 환상이나 절대적 인식에 대한 객관주의적 환상에 빠지게 된다.

모든 일상적 실천 행위는 비가역적인 시간의 강요 속에서 수행되며, 실천 행위가 발생하는 시간의 전후 맥락에 의존한다. 따라서 모든 일상적 실천 행위는 연속적인 시간의 강요에 지배되어, 구체적인 행위 상황 자체의 직접적인 실천 논리를 가지게 된다. 그러나 학문적 실천은 여타의 다른 일상적 실천과는 달리, 자체의 고유한 시간 형식과 그에 따른 독특한 실천 논리를 가진다. 여타의 모든 일상적 실천은 일정한 방향의 리듬을 가진 비유예적인 긴급성에 지배되지만, 학문적 실천은 시간적 긴급성에서 벗어난 삼자적 관찰 행위를 수행할 수 있기 때문이다.

학문적 객관성에 대한 빈번한 오해는, 시간적 강제로부터 자유로운 학문적 실천의 고유한 특성을 이해관계로부터 자유로운 가치중립적 태도를 허용하는 것으로 잘못 생각하는 데 있다. 이론적 실천의 학문적 객관성을 얻기 위해서는 처음에 이론적으로 구성한 객관적 구조와 다음에 관찰된 구체적 행위의 특성 사이의 논리적 연관성을 엄밀하게 재해석하여 체계적으로 해명해야 한다. 사람들의 일상적 행위에서 관찰되는 의식이나 태도에 대한 체계적인 사회학적 해명은 오직 이러한 절차적인 구성적 작업을 통해서만 도달할 수 있다. 이를 위해 사회학자는 통계적 수단을 적용한 양적 방법이나 심층면접을 통한 질적인 해석적 기법을 모두 활용할 수 있다.

학문적 작업도 예외 없이 특정 행위자의 실천 행위 중 하나라면, 연구자의 실천이 가지는 학문적 객관성은 어떻게 담보될 수 있는가? 학문적 객관성은 특정 연구자의 재능으로 성취되거나 보편적 진리의 발견으로 확보되는 것이 아니다. 그것은 학문적 진리를 두고 서로 경쟁하는 다양한 실천이 이루어지는 학문의 장의 동학으로 인해 생성된다. 여타의 다른 사회적 장과 마찬가지로, 특정한 실천 영역으로서의 학문의 장도 학문 활동에 참여하는 사람들의 일상적 실천을 통해서 생성되는 사회적 영역이다. 학문적 객관성은 학문의 장의 경쟁에 참여하는 사람들의 관계에 의해서, 즉 학문적 실천들의 관계에 의해서 구조적으로 생성된다.

사회학자가 지식인 중심의 객관주의적 주관주의를 극복하기 위해서는 이론적 실천의 구성적 특성을 고려해야만 한다. 이론적 인식의 한계는 그 인식의 형식이 기초하고 있는 해당 사회적 장의 특권으로부터 발생한다. 보통의 일상적 행위는 학문적 실천과 달리 그때그때 닥친 상황에서 실천적으로 필요한 것 이상의 논리를 적용하지 않는다. 즉 일상적 행위는 시간적 강요하에서 실천 그 자체로 목적을 실현하는 데 충분하므로 일차적인 경험 자체로 자기 논리를 관철한다. 그러나 이론적 인식은 실천의 부담을 면제받은 특권적인 학문의 장의 조건에서 얻어지므로, 학문적 진리를 요구할 수는 있지만, 직접적인 실천적 적합성을 주장할 수는 없다. 학문적 분석은 엄밀한 논리적 적합성을 얻기 위해서 다양한 일상적 실천의 상황적 맥락에서 타당성을 가지는 일상의 경험적 논리와 단절해야만 한다. 연구자는 이러한 학문적 실천 행위의 특유한 논리 특성에 대한 성찰을 통해서만 지식 중심주의의 오류를 벗어날 수 있다.

해방적 힘

부르디외의 이론은 사회세계의 동학에 대한 이해의 수단이자 강력한 자기 성찰의 수단이다. 사회적 삶의 조건과 체험으로 형성된 아비투스로서의 내화된 구조에 대한 이해는 사회세계 내에서 자신이 점한 위치를 파악하도록 해 줌으로써 자신의 정체성을 일깨워 준다. 내가 누구인지 알게 해 준다는 것은 개인의 삶의 수준을 넘어서 더 넓은 집단적, 또는 정치적 수준에서 '해방적 힘'을 생성시킨다.

부르디외의 교육사회학 연구는 학업 성취와 상속된 문화자본 사이의 연관성에 대한 체계적 분석이다. 그는 프랑스 사회의 교육체계가 결코 사회 이동의 기제로 작동하지 않으며, 오히려 사회적 불평등을 재생산하는 기능을 하고 있음을 고발한다. 부르디외는 지배집단이 사전에 가족이 습득한 문화자본을 가지고 학위 경쟁에 진입하는 어린이의 생애 이력을 지원해 줌으로써 불평등 분배를 영속화시킨다는 점을 폭로한다. 또한 교육체계는 학위와 자격증을 통해서 물적, 또는 비물적 소유를 개인적 자질의 차이로 변화시킴으로써 사회적으로 기회 평등의 환상을 확산하는 데 기여한다는 점에서 기만적이라고 설명한다.

사회적 불평등과 문화의 연관성에 대한 부르디외의 문화사회학적 분석은 우리가 이전에 깨닫지 못했던 일상적 실천의 제약성을 인식하게 해 준다. 그의 연구는 그간 계층이론이 주장해 왔던 계층이동의 사다리라는 교육의 긍정적 측면을 정면으로 부정하고, 오히려 그것이 집단이 '소유'한 물적·비물적 자원을 '존재'의 개인적인 능력으로 변환시킴으로써 사회의 불평등을 정당화하는 기능을 한다고 고발한다. 그의 작업은 논박의 여지가 없는 것으로 수용되는 개인주의적 법칙성, 즉 '내 탓'에 의존하는 무의식적 믿음을 무력화시킬 수 있는 가능성을 열어 준다.

부르디외는 사회학이 사람들을 주어진 사회적 조건에 의한 무의식적인 심리적 규정성으로부터 해방시키는 데 기여할 수 있다고 강조한다. 자신을 옥죄는 한계와 제약들이 단순히 개인의 문제가 아니라 사회적으로 주어진 것이라는 점을 깨닫게 됨으로써, 쉽게 순응하거나 자포자기하지 않도록 해 주는 것이 바로 사회학의 해방적 힘이라고 부르디외는 말한다. 그는 모든 필연성에 대한 인식의 성찰적 확장은 자유의 가능성을 넓혀 준다는 점을 환기시킨다.

사회적 제약과 강제를 연구하는 학문적 실천의 기본적인 취지는 해방이다. 인식의 확장으로 획득한 자유의 가능성을 실질적인 해방으로 변화시키기 위해서는 사회에 대한 연구를 통해서 확인된 조건적 관계를 지양하기 위한 실천적 노력이 이루어져야만 한다. 인지되는 모든 새로운 규정 요소는 더 넓은 자유의 운신 폭을 열어 준다. 사회학이 사회적 법칙성과 조건적 관계를 인지하고 그 역사성과 변화 가능성을 보여 주는 만큼, 그 전망은 개인 또는 집단 수준에서 스스로 책임을 지는 정당한 변혁의 가능성을 열어 준다. 사회세계는 우리가 고통을 운명으로 받아들이고 굴복해야만 하는 세계가 아니다. 오히려 사회세계는 구성적이기에 변화 가능하다. 물론 그 변화는 실천이라는 노력을 대가로 지불할 때만 가능하다.

부르디외의 사회학은 해방의 잠재력을 실존주의 철학이 표방하는 자유로운 주체의 관점에서 바라보지 않는다. 사회학적 실천도 모든 다른 일상적 실천과 동일한 특정 전제에 의존하고 있다는 점에서 항상 제한적이다. 계몽적 지식인주의는 일상의 실천적 인식과 학문적 인식 사이의 무시할 수 없는 차이를 쉽게 간과한다. 그들은 일상적인 사회적 실천을 독단적으로 학문적 논리에 예속시킨다. 그 결과 지식인주의가 과잉으로 제공하는 계몽은 결국 의사가 환자에게 주는 정보와 유사하게 사람들의 실천적이고 일상적인 경험에 기초한 지식을 평가절하하게 한다.

부르디외는 사람들이 가지는 일상적 실천의 논리가 이론적 지식과 계몽을 쉽게 거부할 수 있다는 점을 강조한다. 일상적인 사회적 실천은 긴급성, 강제성, 불가역성 등과 같은 시간의 조건에 놓여 있기 때문에 그때그때 제한된 물적·비물적 자원을 이용한 가장 적합한 대응을 우선시하기 때문이다. 일상의 실천이성을 무시하는 지식인주의는 자신들의 이론이성이 상징폭력을 생성시키는 요소라는 사실을 외면한다.

부르디외의 사회학은 관점과 진리 기준의 다양성, 즉 서로 병존할 수 있고, 실제로 병존하는 진리 형식의 다원성을 허용한다. 이제 학문은 부분적이고, 일시적인 진리에 만족해야만 한다. 실천에서 진리이고 옳은 것은, 결코 이론에서, 그리고 그 기준에 상응해서 존재할 필요가 없고, 반대의 경우도 마찬가지다. 이는 계몽을 부정하는 것이 아니라 세계에 대한 지식인의 특수한 관계, 즉 학문적 관찰과 결합된 지식인의 맹점을 해명하는 것이다.

상징폭력

모든 강제적 권력은 상징적 차원을 가진다. 오늘날처럼 사회가 발달하고 민주적 제도의 형식이 갖추어진 사회일수록, 권력은 명시적 강제가 아닌 상징적 방식으로 교묘하게 행사된다. 상징권력의 심각성은 그것이 피지배자들에 의해 동의된다는 점이며, 피지배자들은 그러한 권력의 지배를 받는다는 사실을 알아차리지도 못하기 때문에 스스로 동의했다는 사실조차 모른다는 것이다. 그래서 부르디외의 상징권력은 상징폭력으로도 해석된다.

상징폭력은 물리적 폭력과 달리 피해자 스스로 동의해서 받아들이는 것이다. 예컨대, 우연히 TV에 나온 광고를 보고 생각 없이 제품을 구매하거나 사회적 영향력이 큰 작가나 정치평론가의 말에 생각 없이 쉽게 동요되는 것도 일종의 상징폭력이라 할 수 있다. 시청자나 독자는 그것이 자신의 자유로운 선택이라고 생각하지만, 사실은 상징의 힘에 의해 강요당한 것이다. 정치적 영역에서도 상징폭력은 지배집단의 이데올로기를 주입하는 방식으로만 이루어지지 않는다. 그것은 피지배집단을 정치적으로 마비시킴으로써 문제제기 자체를 할 수 없도록 무감각하게 만들기도 한다.

상징권력은 실재하지 않으면서 상징적으로만 영향력을 가

지는 것이 아니다. 상징권력은 객관적인 권력 및 힘의 관계와 밀접하게 연결되어 실재하는 권력이다. 생활양식의 공간에서 발생하는 상징투쟁은 생활세계를 구성하는 기능을 넘어 일상적인 구별짓기를 통한 '상징권력'의 형식을 만들어 낸다. 그것은 사회적 평가와 인정을 통해서 획득된 정당한 힘으로 오인되며, 이렇게 생성된 권력은 다시 더 큰 사회적 평가와 인정을 창출함으로써 더 큰 정당성을 얻게 된다.

객관적 힘 또는 권력관계는 상징의 권력이 관철됨으로써만 재생산될 수 있다. 만일 그에 대한 상징적 전복이 발생한다면, 기존의 상징권력을 변형시킬 수 있는 감각과 의미의 관계가 새롭게 구성된다. 다시 말해서 객관적인 힘이나 권력의 관계는 오직 상징적 전략 또는 상징적 질서를 변화시키는 전략을 통해서만 변형될 수 있다. 기존 권력관계의 변화는 사회세계에 대한 익숙하고 자연스러운 일상적 인지 및 기존의 정당성을 가진 합법적 승인과 단절함으로써만 가능하다.

어떻게 행위자들은 상징적 관계를 완전히 자연스럽고 자명한 것으로 인지하고, 그 기저에 있는 권력과 자본의 관계를 승인하면서, 자신들의 자의에 의한 것처럼 스스로 오인하게 되는가? 사람들이 사회세계를 자명하게 주어진 것으로 보는 자연스런 일상적 승인은 바로 아비투스의 형식과 사회구조의 상동성에 근거한다. 왜냐하면 사회세계에서는 생활양식의 질서가, 자명하게 주어진 질서로 보이는 일상적 인식에 의해서, 분명하고 불변적인 것으로 체험되고 승인되기 때문이다.

임의성에 대한 이러한 오인은 사회적 구분과 해석의 기초가 되며, 상징적 권력의 원천이 된다. 사람들은 신체적 폭력, 경제적 궁핍, 법적 강제 또는 자원의 불평등뿐만 아니라, 사회적 분류와 의미를 통해서도 지배를 받는다. 상징자본은 특별한 이익, 즉 차별을 창출한다. 사회적 구별은 아비투스에 체화되는데, 지배집단의 아비투스를 가지고 있는 사람은 차별의 이익을 얻으며 상징권력을 가진다. 반면 피지배집단의 아비투스를 가진 사람은 차별을 감수하고 지배집단의 상징권력을 용인한다. 이처럼 상징적 폭력의 의인화 및 상징적 이익과의 결합은 사람들의 사고도식과 행위도식이 지속되는 데 기여한다.

부르디외는 재능이나 능력의 허상을 폭로하면서 능력 중심 사회의 기만성을 폭로한다. 우리는 흔히 어려운 시험을 통과

하거나 희소한 자격증을 가진 사람들에게 존경을 품고 그들이 사회적으로 누리는 특권은 마땅한 대가라고 생각한다. 예컨대, 사람들은 수능시험 고득점자가 사회적으로 충분히 보상받을 만하다고 생각하고, 어렵게 자격을 획득한 변호사가 정치의 장에 진출하는 것을 자연스럽게 받아들인다. 이러한 동의는 성찰적 의식의 자유로운 결단에 기초한 것이 아니라 비반성적이고 무의식적인 승복에 기초한다.

사회의 질서는 피지배계급의 오인과 인정에 기반해서 유지될 수 있다. 사람들이 기존의 권력관계를 당연하거나 정당한 것이라고 여기지 않게 되면, 사회는 기존과 같이 작동하지 않게 된다. 기존의 사회질서가 지속되는 이유는 상징적 차이가 현실적인 차이를 재생산하고 정당화하여, 사람들이 더 이상 그에 대한 질문을 제기하지 않기 때문이다. 이처럼 상징권력은 권력의 기초인 권력관계를 감추면서 그것의 의미와 정당성을 관철시킨다.

부르디외에 따르면, 오늘날 지배세력들은 권력을 고전적인 방식으로 행사하지 않는다. 이들은 사회적으로 공인된 희소한 자본들을 독점적으로 확보함으로써 자신들의 지배를 정당화한다. 이들은 자신들의 이해관심을 감추면서 사회에 선한 영향력을 끼치는 사람들로 자처한다. 고위 관료와 거대 자본가들은 국민을 위해 봉사하고 사회에 기여하는 모습으로 해당 사회적 장의 실천에 참여한다.

개별 사회적 장 내부의 경쟁과 그 장들 사이의 경쟁은 매우 복잡한 방식으로 전개된다. 개인 또는 이해관계의 대변자로서 권력의 장에 참여하는 개인들 사이의 경쟁은 노동의 영역, 과제들, 투쟁의 장 등의 복잡한 분할을 초래한다. 권력은 개인이 아니라 유기적인 연대를 통해서 서로 결합되어 있는 장들과 전체적인 메타 권력으로 표현된다. 권력은 보이지 않고 익명으로 행사되며, 지배의 원천은 서로 경쟁하면서 동시에 보완하는 유기적 연대를 통해서 은폐된다. 따라서 상징적 폭력은 더 이상 인지되지 않으며, 사회적 차이로 소급되지 않게 된다.

오늘날 사회의 지배 형식은 더 교묘하게 바뀌었다고 부르디외는 재차 확인한다. 얼핏 동일한 기회, 동일한 권리, 동일한 민주적 참여가 가능한 것처럼 보이지만, 그러한 표면적 모습은 지배집단이 지배의 형식을 상징적으로 배가시키고 공고화

함으로써 더욱 그럴듯하게 포장되어 왔다. 물리적이고 직접적인 폭력보다는 상징적인 폭력이 지배 방식의 전면으로 나선다. 사람들은 이를 인지하지 못하면서 기꺼이 상징폭력의 희생자로 전락한다.

부르디외는 글로벌 수준에서 불평등을 정당화하는 신자유주의 담론의 상징폭력에 대해서 문제를 제기한다. 그가 보기에 신자유주의 정책을 통해서 지배를 요구하고 정당화하는 국제적 불평등은 지배집단에 더 많은 권력과 자본을 집중시켰다. 신자유주의 담론은 지배집단에 의해 지지되고, 그들의 이해관심에 상징적으로 이용된다. 자본 수익은 급격히 상승하는 데 반해서 임노동 수입은 정체된다. 고용 유연성이라는 형태로 노동자들에게는 더 많은 불안정성이 강요되지만, 자본에는 더 많은 자율성이 주어진다.

부르디외가 보기에, 신자유주의는 자본에만 일방적으로 유익하다. 그러나 일반 생활인들은 신자유주의의 폐해에 대해 잘 모른다. 그것이 어떤 원리에 의해 돌아가고 어떤 문제를 낳는지 이해하기가 어렵기 때문이다. 글로벌 금융의 세계는 일반 시민들과는 분리된 다른 세상이다. 사실상 많은 사람의 삶을 피폐하게 만들고 있지만, 사람들은 그 세계에 접근할 수도 없고 잘 알 수도 없다. 글로벌 영역의 장들은 구조적으로 글로벌 금융의 장에 예속되어 있다. 금융 엘리트들은 통계와 수학으로 탁월한 실력을 발휘하여 많은 사람을 현혹하는데, 사람들은 금융위기를 맞아야만 겨우 무언가 잘못되었다는 것을 조금 알아챌 수 있을 뿐이다.

부르디외는 허황된 숫자놀음에 희생된 일반 약자들의 목소리를 들려줌으로써 신자유주의 세계질서에서 무엇이 잘못되었는지 알리고자 하였다. 그는 표현의 기회조차 주어지지 않아 자신의 목소리를 낼 수 없어 밀려나고 떠돌며, 더 나쁜 상태로 내려앉은 사람들이 직접 말할 수 있게 하려고 노력하였다. 그럼으로써 우리 사회에서 보이지 않던 익명의 사람들이 겪는 삶의 곤경과 희미해져 가던 불평등의 문제를 다시 직시하게 해 주었다. 부르디외는 피지배계급이 감당하고 있는 '사회적 고통'에 대해 고발하고 있다. 그는 우리가 계급과 불평등의 문제를 소홀히 할 수 없는 이유는 너무나 분명하다고 말한다.

대결

사회학의 오래된 명제인 '의도한 행위의 의도하지 않은 결과'의 역설은 오랫동안 부르디외가 해명하려 한 과제 중 하나였다. 우리는 일상생활을 할 때 모든 것을 인지하고 상황 정의를 하며 성찰적으로 행위하고 있다고 생각한다. 그러나 사람들의 행위는 항상 자신들이 인지하는 것보다 더 많은 의미를 내포한다. 사람들이 생각하는 세계는 그들이 사는 세계가 아니다. 우리의 행위는 일상에서 많은 부분 무의식적이고 자동적으로 수행된다.

우리는 우리가 당연하다고 여기는 것들 위에서 당연하게 행위하며 살고 있다. 또한 우리는 암묵적으로 현재의 일상이 지금까지와 마찬가지로 계속될 것이라는 신뢰와 기대를 가지고 살아간다. 이렇게 우리의 생활은 경험적으로 당연한 것으로 여겨지는 것들로 영위된다. 그리고 사람들은 자신의 실천적 행위 원리, 즉 아비투스에 기초해서 나름대로 주어진 환경에 대응한다. 이러한 일상적 실천들은 사회의 구조를 재생산할 뿐만 아니라, 동시에 변화를 초래하는 데에도 기여한다.

아비투스 개념은 구조의 재생산과 변화를 설명한다. 그것은 의도한 행위의 의도하지 않은 결과의 역설을 해명하는 데 기여한다. 아비투스는 체험을 통해 신체화된 성향의 체계이며, 쉽게 반성되거나 바뀌지 않는다. 아비투스의 신체화된 특성은 의식적인 성찰을 통한 기존 사회질서의 변동을 어렵게 한다. 그런 점에서 부르디외의 사회학은 그 성찰적 성격에도 불구하고 사회의 변화에 대해서는 구조주의적인 접근을 보여 준다.

부르디외는 사회문제와 대결을 펼치는 데 주저함이 없던 실천가였지만, 혁명적 변동에 대해서는 비관적이었다. 그가 보기에는 사람들이 제도화되고 안정된 자본주의에 적응하면서 아비투스를 체화하여 어떤 급진적인 변화를 도모하기가 어렵게 되었기 때문이다. 그럼에도 그는 지금 우리의 삶은 지난 세기의 투쟁으로 얻은 사회적 성과이며, 이제까지와 같이 앞으로도 싸움을 통해 좀 더 나은 방향으로 나아갈 수 있다고 설득한다. 또한 우리가 원하는 사회를 만들고 싶다면 그것을 위해 싸워야 한다고 강조한다.

그러기 위해서 부르디외는 비판적 사회운동을 되살려 내야 한다고 주장한다. 그가 보기에 사회운동은 신자유주의에 비해 상징적 상쟁에서 뒤처져 있다. 신자유주의로 대표되는 지배세력은 엄청난 물량의 상징폭력을 쏟아 내고 있다. 반면에 사회운동은 막연한 당위나 정치적 올바름, 그리고 다급할 때는 연민을 자극하는 방식에 의존한다. 신자유주의가 명료한 통계와 수학을 동원해서 우리의 사고를 교란시킬 때 속수무책으로 당하고 있어서는 안 된다. 이론적, 문화적 무기를 가지고 사회적 연대로 맞서야 한다. 부르디외는, 우리 사회를 퇴행적으로 되돌려서는 안 된다고, 사회적 약자를 고통에 몰아넣고 지배를 교묘히 은폐하는 것들을 돌파하자고 호소한다.

사회운동에서 가장 중요한 무기는 개념이다. 개념의 생산과 정의definition를 둘러싼 투쟁은 계급투쟁의 구성 요소이다. 개념을 둘러싼 싸움은 사회적 차이를 둘러싼 싸움이며, 사회적 권력을 획득하기 위한 싸움이다. 개념과 이론을 구성하는 작업은 그 자체로 상징투쟁이고, 집단의 이해관계를 둘러싼 싸움이다. 사회적 관계를 규정하는 개념은 사람들의 생각을 바꾸고 세상을 바꾼다. 신자유주의와 싸우는 노동자들을 위해 개념과 이론을 만들고 그렇게 만들어진 이론이 폭넓게 이용될 수 있도록 접근성을 높여 주는 것이 지식인의 역할이다.

부르디외는 어떤 개념을 사용하느냐가 중요하다고 말한다. 그런데 피지배집단은 개념은커녕 자신의 언어를 가지고 있지도 못하다. 그들은 지배집단의 언어게임에 참여하지도 못하고, 참여한다고 해도 돌파할 수가 없다. 그에 반해 지배집단은 언어, 아비투스, 정치적 견해, 사회적 위치가 일치하며, 그것이 당연한 것으로 수용된다. 그들의 말은 힘이 있고 자연스럽다. 언론이 그들의 말을 비중 있게 다루어 주는 정도를 넘어서, 세상에는 그들의 말들로 넘쳐난다. 의미를 둘러싼 상징적 투쟁은 대부분 지배계급 내에서 발생한다. 사회세계를 표현하는 언어는 사람, 사건, 특성을 사회적으로 배열하고, 그에 기초해서 사회세계의 형상이 표현된다. 그러므로 지배집단의 지배는 지배적인 언어에 의해 정당화된다. 상징적 권력의 행사는 지배에 속한다.

부르디외는 사회적 메시지를 전달하기 위해서 미디어를 활용할 줄 알아야 한다고 꾸준히 독려해 왔다. 언론을 향해 사회적 목소리를 내지 못함으로써 존재조차 인식되지 못했던 이들에게도 마이크가 주어져야 한다고도 주장했다. 사회운동이 언론이나 학문의 주제에서 하찮은 취급을 받아 왔던 이들의 사소하고 일상적인 삶을 서술함으로써 역사의 빈 부분을 채워야 한다는 게 부르디외의 생각이다.

비판과 이해

다른 학자들과 마찬가지로, 부르디외 역시 무수한 비판과 도전을 받았다. 구조결정주의라는 비판부터 개념의 인플레이션으로 자신의 이론적 가치를 스스로 하락시켰다는 비판까지 다양하다. 부르디외는 앞선 비판에 대해서는 자주 해명하면서도, 자신이 구조주의의 전통 위에 있음을 부인하지는 않는다. 후자에 대해서는 경험연구의 특성상 그 필요를 충족시킬 수 있는 개념의 양산이 부정적이기만 한 것은 아니라고 변호했다. 개념의 모호성이나 구별짓기를 통해 보여 주었던 계급의 도식에 대한 비판 등 부르디외에게 제기되는 문제들에 대해서 세부적으로 하나하나 반박하는 것은 큰 의미가 없다. 그의 이론들은 구성적이고 탄력적이며 또한 열려 있다. 이는 이론의 결핍이 아니라, 절대적 진리는 없다는 부르디외의 학문적 태도에 기인한 것이다.

부르디외의 이론적 작업은 1960년대에 본격적으로 시작되어 1970년대 초까지 10여 년간 폭발적인 성취를 보여 주었다. 이 시기에 작성된 프랑스 사회의 계급적 구조나 생활양식의 공간과 관련된 세부적인 디테일에 집중해서 부르디외를 이해하는 것은 경계해야 한다. 그동안 우리 사회는 엄청난 속도로 변화를 거듭했다. 부르디외가 남긴 가장 중요한 이론적 유산은 "사회적인 것을 사회적인 것으로" 다루는 접근 방식이다. 부르디외가 마르크스, 베버, 뒤르켐의 전통을 비판적으로 수용해서 현실의 문제를 규명했던 것처럼, 오늘 우리의 문제를 풀어가는 데 있어 부르디외 역시 우리에게 깊은 자극과 영감을 줄 수 있다.

부르디외의 연구 관심은 방만하다고 할 만큼 폭넓게 뻗어 있지만, 그의 이론적 구성 요소들은 맥락적 연관 속에서 고려되어야만 한다. 아비투스, 장, 자본, 계급과 같은 부르디외 이론의 핵심적인 개별적 구성 요소들은 상관적 관계에 있다. 예컨대, 사회적 장은 아비투스 없이는 작동하지 않으며, 아비투스는 장이나 공간 없이는 존재하지 못한다. 그것들은 관계 속에서 생성되고 서로 제약하는 관계적 속성을 내재하고 있다.

이처럼 부르디외 이론의 개념들은 상호 의존적이며, 또한 상호 규정적이다.

부르디외에 따르면, 사회학적 사유는 "현실은 관계적이며, 존재하는 것은 관계적이다"라는 명제에서 출발한다. 우리는 관계적 사고를 통해 이원론적 사고를 벗어날 수 있고, 현실의 세계를 종합적으로 재구성할 수 있다. 관계적인 사고는 과학적 이해를 전제로 한다. 부르디외는 사회 현실을 설명하기 위해서는 그것을 경험적으로 정확하게 파악해야 할 뿐만 아니라, 이론적으로도 설득력을 갖추어야 한다는 점을 늘 염두에 두고, 사회적 행위자의 관점이 아닌 사회학적 관점에서 학자로서 거리를 두는 태도를 가지려고 노력하였다.

부르디외에 대한 흔한 오해 중 하나는 사소한 현실에 대해 언급하고 있다는 것인데, 오히려 그는 늘 사회적 세계 또는 사회적인 것에 대해 다룬다. 그는 사회적인 것을 다룰 때, 어디로부터 이것이 비롯되었는지, 그 기저에 놓여 있는 지배 기제를 밝혀내기 위해서 모든 관계적 사유의 힘을 동원한다. 당연한 것들이 어떻게 당연한 것이 되었는지, 그의 분석은 기원에 가닿는다. 그에게 자기 성찰성은 세심한 구성적 작업을 통해서 자신의 사회적 장의 상식을 파기하는 것을 전제로 한다.

부르디외는 '직업으로서의 사회학'을 성실하게 실천한 학자다. 그는 사람들이 자신이 살아가는 사회를 제대로 이해함으로써 자신의 삶을 똑바로 응시할 수 있기를 바랐다. 그는 학자로서 자신의 성취를 사회적 약자들을 대변하는 도구로 사용하였으며, 늘 사회학자로서 무엇을 해야 하는지, 어디에 있어야 하는지 성찰하고 실천하였다. "사회학이 단지 전문가를 위한 전문 지식이라면 시간을 들여 수고할 가치가 없을 것이다"라는 부르디외의 말은 사회학에만 해당하지는 않을 것이다.

세창사상가산책 **24** 부르디외